청소년 예수님의 사람 1

인도자용

인도자용

청소년

예수님의 사람 1

WALKING WITH JESUS

유기성 지음

예수님과 동행하는 삶으로 인도하는 제자훈련

위드지저스

제자훈련 서약서

나는 《청소년 예수님의 사람》 제자훈련의 훈련생으로서
하나님 앞에서 다음과 같이 서약합니다.

1. 나는 제자훈련이 진행되는 동안 제자훈련을 우선순위에 두겠습니다.

2. 나는 결석이나 지각을 하지 않고 제자훈련에 성실하게 참여하겠습니다.

3. 나는 예습과 주어진 과제를 철저하게 수행하겠습니다.

4. 나는 열린 마음과 정직한 마음으로 훈련에 참여하겠습니다.

5. 나는 다른 훈련생들의 개인적인 이야기들에 대해 비밀을 지키겠습니다.

6. 나는 우리가 그리스도 안에서 한 몸임을 기억하고 사랑과 기도로써
   서로에 대한 책임을 다하겠습니다.

년   월   일

이름 : _____ (인)

인도자에게 드리는 편지

오늘날 많은 청소년이 음란한 인터넷 문화, 가치관의 왜곡, 마음의 깊은 상처, 삐뚤어진 성품, 휴대폰과 게임 등에 의한 중독, 자살 충동, 극단적인 개인주의에 빠져 있습니다. 청소년들이 앞으로 어떤 삶을 살게 될지 예측하기 힘들 정도로 잘못 자라나고 있습니다. 그러므로 지금이야말로 청소년들이 주님을 만나고 주님과 동행하도록 힘써야 합니다.

요셉, 다윗, 다니엘과 같은 믿음의 사람들은 청소년 시절에 주님을 만나고 주님과 동행하는 삶에 대해 훈련받았습니다. 요셉은 열일곱 살 때부터 애굽에서 노예 생활을 했고 감옥에도 갇혔지만 결코 낙심하거나 절망하지 않았습니다. 소년 다윗은 골리앗 앞에서도 두려워하지 않고 물맷돌 하나로 골리앗을 쓰러뜨렸습니다. 다니엘은 청소년 시절에 우상 제물이나 세상에 속한 것들로부터 자기를 더럽히지 않기로 뜻을 정했습니다. 요셉, 다윗, 다니엘이 어떤 상황 속에서도 낙심하거나 두려워하지 않고 세상에 물들지 않을 수 있었던 이유는 단 하나입니다. 그들이 청소년 시절에 주님과 동행하는 삶에 눈을 떴기 때문입니다.

예수님에 대하여 배우기 전에 먼저 해야 할 것이 있습니다. 예수님과 친밀히 동행하는 것부터 시작해야 합니다. 이처럼 "주 예수님과 행복한 동행을 하도록 도와주는 것"이 《청소년 예수님의 사람》 제자훈련입니다! 마가복음 3:13-15을 보면 예수님께서 제자들을 부르신 가장 우선된 목적이 주님과 동행하는 자가 되는 것입니다.

이번 개정된 《청소년 예수님의 사람》 제자훈련 교재는 머리로만 이해하는 방식의 한계를 깨뜨려 보려고 시도했습니다. 12주 동안의 매우 짧은 기간이지만 일상의 삶에서 청소년들이 예수님과 동행하는 삶을 살 수 있도록 감각을 깨우쳐 주려고 했습니다.

예수님에 대한 바른 지식도 중요하지만, 그보다 더 중요한 것은 예수님과의 바른 관계입니다. 지금 시대는 각종 매체를 통하여 기독교의 수많은 가르침이 선포되고 있습니다. 기독교의 메시지들이 지금처럼 정확하고 풍성하고 다양하게 퍼부어진 적이 없었습니다. 그러나 지금처럼 기독교가 사회에 매력을 잃어버리고 교회와 그리스도인들이 위기에 처한 적도 없을 것입니다. 예수님에 대한 바른 지식을 추구하는 데만 신경 쓰다가 예수님과의 바른 관계를 소홀히 한 까닭입니다.

요한계시록 3:20은 예수님을 믿는다는 것이 무엇인지 중요한 기준을 제시합니다. 주님과 함께 먹는 삶, 이처럼 일상에서 친밀히 동행하는 것이 예수님을 믿는 것입니다. 우리가 예수님을 믿는다는 것은 예수님과 온전히 하나가 되는 것입니다(요 15:4-6). 예수 그리스도께서 우리 안에 계신 것을 스스로 확인할 수 있어야 합니다(고후 13:5). 나는 죽고 예수로 사는 것이야말로 예수님을 믿는 것입니다(갈 2:20).

《청소년 예수님의 사람》 교재로 청소년 제자훈련을 인도하는 모든 교사를 응원합니다. 주 예수님께서 여러분을 통하여 친히 학생들에게 말씀하시고 인도하실 것입니다(롬 15:18-19).

유기남 목사

왜 제자훈련인가?

《청소년 예수님의 사람》 제자훈련은 10명 내외의 인원으로 하는 다소 비효율적인 훈련입니다. 하지만 이것이 예수님의 방법이었습니다.

1. 예수 그리스도의 계획은 사람을 세우는 것이었습니다

예수님께서 이 세상에 오셔서 하나님의 일을 하실 때, 제자들을 부르심으로 사역을 시작하셨습니다. 예수님은 책을 쓰거나, 조직을 만들거나, 건물을 세우지 않으시고 소수의 사람을 택해 제자로 세우셨습니다. 예수님께서 선택하신 제자들은 평범한 사람들입니다. 그러나 예수님께서 아무나 제자로 부르신 것은 결코 아닙니다. 예수님께서는 분명한 기준을 가지고 제자들을 택하셨습니다. 그 기준은 '가르치기에 좋은 사람인가' 였습니다.

2. 예수님께서는 소수의 제자를 선택해 철저하게 훈련시키셨습니다

예수님께서는 직접 가르치시고 훈련시킨 소수의 제자들을 남기셨지만 그들에 의해 세상은 변화되었고, 지금 우리는 전 세계가 복음화 되어가는 놀라운 결과를 목격하고 있습니다.

어설프게 훈련된 백 명의 사람보다 철저하게 훈련된 한 사람이 더 큰일을 합니다. 어린아이 백 명보다 어른 한 사람이 더 효율적으로 일합니다. 여기에 제자훈련의 철학과 비전이 있습니다. 하나님께서 주목하시는 사람은 제자로 훈련된 사람입니다. 사람이 변하면 모든 것이 변합니다. 가정도, 교회도, 학교도, 사회도 모두 변합니다. 하나님 나라는 변화된 사람을 통해 이 땅에 이루어집니다.

3. 제자훈련의 핵심은 예수님과의 인격적인 관계를 훈련하는 것입니다

또 산에 오르사 자기가 원하는 자들을 부르시니 나아온지라 이에
열둘을 세우셨으니 이는 자기와 함께 있게 하시고 또 보내사 전도도 하며
귀신을 내쫓는 권능도 가지게 하려 하심이러라 마가복음 3:13-15

　　말씀을 보면 예수님께서 제자들을 부르신 분명한 세 가지의 목적이 나옵니다.
첫째, 일평생 주님과 동행하는 사람, 둘째, 복음 전도가 삶의 목적인 사람, 셋째, 귀
신을 내쫓는 일, 곧 영적전쟁에 대한 눈이 열린 사람입니다. 예수님 당시에 예수님
을 따르는 무리는 많았습니다. 그러나 그들이 다 제자는 아니었습니다. 예수님의
제자들은 주님과 인격적인 관계를 맺고 예수님과 24시간 동행했습니다. 예수님과
얼마나 가까이 있고 동행하느냐에 따라 제자의 자격이 결정되었다는 뜻입니다. 예
수님께서 행하신 제자훈련 핵심은 예수님과 동행하며 예수님을 알아가는 것이었
습니다. 예수님을 인격적으로 만나야 삶의 변화가 일어납니다. 예수님과 인격적으
로 교제하고, 동행하는 삶에 눈뜰 때 비로소 하나님께 쓰임 받는 사람이 될 수 있
습니다.

제자훈련은 누가 받는가?

제자훈련을 이해하려면 그리스도인들의 믿음이 성장 단계를 거치면서 자란다는 것을 이해해야 합니다. 모든 그리스도인은 보통 다음 다섯 단계를 거치면서 성장합니다.

1단계) 하나님의 존재를 의심하는 수준: 구원의 확신이 없는 초신자

어떤 의심하는 자들을 긍휼히 여기라 유다서 1:22

2단계) 자기 문제에만 매달려 있는 수준: 미숙한 신자

형제들아 내가 신령한 자들을 대함과 같이 너희에게 말할 수 없어서 육신에 속한 자

곧 그리스도 안에서 어린 아이들을 대함과 같이 하노라 내가 너희를 젖으로 먹이고

밥으로 아니하였노니 이는 너희가 감당하지 못하였음이거니와 지금도 못하리라

너희는 아직도 육신에 속한 자로다 너희 가운데 시기와 분쟁이 있으니

어찌 육신에 속하여 사람을 따라 행함이 아니리요 고린도전서 3:1-3

3단계) 남의 문제를 위해 섬기는 수준: 은혜를 체험한 자 제자훈련 대상

기쁜 마음으로 섬기기를 주께 하듯 하고 사람들에게 하듯 하지 말라 에베소서 6:7

4단계) 다른 사람을 영적으로 도울 수 있는 수준: 삶의 우선순위가 분명한 사람

그런즉 너희는 먼저 그의 나라와 그의 의를 구하라 그리하면 이 모든 것을

너희에게 더하시리라 마태복음 6:33

하나님 앞과 살아 있는 자와 죽은 자를 심판하실 그리스도 예수 앞에서

그가 나타나실 것과 그의 나라를 두고 엄히 명하노니 너는 말씀을 전파하라

때를 얻든지 못 얻든지 항상 힘쓰라 범사에 오래 참음과 가르침으로

경책하며 경계하며 권하라 디모데후서 4:1-2

5단계) 주님을 위해 전적인 순종을 드리는 수준: 제자훈련의 절정이자 결과

내가 그리스도와 함께 십자가에 못 박혔나니 그런즉 이제는 내가 사는 것이 아니요

오직 내 안에 그리스도께서 사시는 것이라 이제 내가 육체 가운데 사는 것은

나를 사랑하사 나를 위하여 자기 자신을 버리신 하나님의 아들을 믿는 믿음 안에서

사는 것이라 갈라디아서 2:20

그러므로 너희는 가서 모든 민족을 제자로 삼아 아버지와 아들과 성령의 이름으로

세례를 베풀고 내가 너희에게 분부한 모든 것을 가르쳐 지키게 하라

볼지어다 내가 세상 끝날까지 너희와 항상 함께 있으리라 하시니라 마태복음 28:19-20

　　제자훈련의 핵심은 다음 단계로 자라게 해줘야 한다는 것입니다. 제자훈련은 대략 3단계에 이른 그리스도인을 제자훈련 받을 사람으로 선택하게 됩니다. 그러므로 당신은 적어도 이 3단계에 이르렀다고 인정받은 사람입니다. 그리고 이 제자훈련을 마칠 때, 5단계에 이르게 될 것입니다. 《청소년 예수님의 사람》 제자훈련을 통해 여러분 모두 주님의 제자가 되시기를 바랍니다.

교재는 어떻게 활용하는가?

1. 교재를 매일 한 과씩 예습합니다

이 교재는 모두 10단원으로 구성되어 있고, 각 단원은 5과로 구성되어 있습니다. 매주 한 단원씩 예습해야 합니다. 매일 한 과씩 5일 동안 예습하고, 6일째는 5일 동안 예습한 내용을 간단히 훑어보며 제자훈련 반에서 훈련받을 준비를 합니다.

2. 이 책은 맨 앞장부터 끝장까지 읽어 나가도록 구성되었습니다

교재를 단순히 읽는 데서 그치면 안 됩니다. 이 책을 공부하고 성경의 원리를 여러분의 삶에 적용하기를 원합니다. 이것을 하는 데는 시간과 인내가 필요합니다. 이렇게 교재를 공부하면서 함께 계시는 예수님을 인격적으로 알게 될 것입니다.

3. 어떤 내용도 빠뜨리지 않고 읽고, 어떤 질문도 건너뛰어서는 안 됩니다

질문에 답하기 위해서는 성경을 찾아보고 깊이 생각하며 답을 써야 합니다. 많은 부분이 기도와 말씀묵상, 성경공부를 통해서 하나님과 교제하도록 여러분을 이끌어 줄 것입니다. 질문을 지나쳐 버린다면 하나님이 여러분의 인생을 변화시킬 수 있는 기회를 놓칠지도 모릅니다.

답을 쓸 때는 단순하게 '네', '아니오'로 답하면 안 됩니다. 왜 그렇게 생각하는지 깊이 고민하고 기도하면서 이유를 같이 적어야 합니다. 고민하는 과정 중에 하나님의 마음과 생각을 알 수 있습니다.

성경을 찾아 답을 쓰는 질문의 경우에는 질문 바로 뒤에 정답이 나올 것입니다.

그때 여러분의 답과 맞춰 보십시오. 그러나 항상 정답을 보기 전에 자신의 답을 써야 합니다. 어떤 경우에는 여러분의 생각과 의견을 묻는 질문이 있을 수 있습니다. 그런 질문에는 정답이 없으므로 솔직하게 자신을 드러내는 것이 중요합니다. 만약 기도하고 고민해도 답을 모르겠다면 넘어가도 좋습니다. 대신, 넘어가기 전에 강사에게 꼭 질문해주세요.

4. 은혜받은 부분이나 궁금한 부분을 기록합니다

교재를 예습하면서 각 페이지의 여백에 느낀 바를 그때그때 적는 것도 좋습니다. 하나님은 한 단원에서도 여러 개의 배울 점을 주실 수 있습니다. 작은 것 하나라도 잊지 말고 복습할 수 있도록 반드시 쓰십시오. 그리고 예습하다가 이해가 되지 않거나 궁금한 점이 있으면 기록해 두고 제자훈련 모임 때 강사에게 질문해도 좋습니다.

5. 절대 빠지거나 지각하지 않고 제자훈련을 받습니다

소그룹 나눔 시간은 훈련생들이 한 주 동안 예습하면서 받은 은혜와 결단을 서로 나누며 깨달은 것을 실제적인 삶에 적용하는 시간입니다. 제자훈련 모임에서 다른 훈련생들과 함께 공부하면, 하나님의 뜻을 온전히 깨닫고 이해하는 데 서로 큰 도움이 된다는 것을 발견하게 될 것입니다.

〈동행〉 예수님과 함께 걷기

여러분은 예수님이 여러분과 항상 함께하신다는 걸 믿고 있습니까? 예수님이 나와 항상 함께하신다는 것은, 예수님을 믿는 우리에게 주어진 놀라운 특권입니다. 예수님이 이 땅에서 마지막으로 제자들에게 이렇게 말씀하셨습니다. "내가 세상 끝날까지 너희와 항상 함께 있으리라(마태복음 28:20)" 예수님은 지금도 여러분 안에 계십니다. 이것을 믿고 내 안에 계신 예수님과 함께 걷는 것이 예수님과의 동행입니다.

여러분은 이 12주의 제자훈련을 통해 예수님의 제자, 예수님의 사람으로 세워지게 됩니다. 그렇지만 이 제자훈련의 진정한 목표는 이 훈련이 끝난 후에도 계속해서 예수님의 사람으로 사는 것입니다. 그 삶을 지속할 수 있는 방법은 예수님과 동행하는 것입니다. 예수님이 나와 함께 하신다는 것을 기억한다면 나의 평범한 일상이 완전히 새롭게 됩니다.

〈훈련〉 예수님과 걷는 연습하기

누군가와 가까워지는 일에 시간과 노력이 필요하듯이 예수님과 친밀히 동행하는 것도 훈련이 필요합니다. 성경은 하나님과 날마다 동행한 사람들의 이야기로 가득합니다. 아브라함, 에녹, 요셉 등 많은 사람이 하나님을 알았고 그분과 날마다 함께 사는 하루하루를 훈련했습니다. 예수님의 제자들도 마찬가지였습니다. 수많은 사람이 예수님을 만났습니다. 병도 고침을 받았고, 죽었다가 살아난 사람도 있었습니다. 하지만 '예수님의 제자'라고 불린 사람들은 예수님과 날마다 같이 밥을 먹고, 걷고, 가르침을 듣고, 보았던 이들이었습니다.

저는 2009년, 건강 문제로 제주도에 조그만 집을 빌려 지내며 휴식하는 안식월을 갖게 되었습니다. 그때 한 달 동안 아내와 한가지 실험을 해봤습니다. 안식월 기간에 예수님만 바라보며 살기로 했습니다. "예수님, 오늘은 뭐 할까요?", "예수님, 내일 주일인데 어느 교회에 가서 예배드릴까요?" 이런 식으로 계속 함께 하시는 예수님을 의식하며 살았던 경험을 날마다 일기로 남겼습니다. 한 달 뒤, 다시 교회로 복귀했습니다. 이 경험을 통해 당장 특별한 변화가 있었던 것은 아니었습니다. 그러나 단 하나, 예수님이 나와 함께 계신다는 사실이 분명하게 믿어졌습니다. 예수님의 함께하심이 믿어지니 모든 것이 달라졌습니다. 안식

월이 끝나가도 무엇을 해야 한다는 초조함, 이뤄야 한다는 불안, 아쉬움, 두려움이 없어졌습니다. 당장 담임목사직을 내려놓는다고 해도 아무 문제가 안 될 만큼 마음엔 행복함으로 가득했습니다.

그래서 이 실험을 성도님들과 함께하기 시작했습니다. 그 후로 '예수님과 동행하는 일기'를 쓰는 많은 성도님이 놀라운 변화를 맞이했습니다. 이렇게 시작된 것이 예수동행일기 훈련입니다.

〈기록〉 예수님과 나의 동행, 일기로 쓰기

왜 꼭 일기로 기록해야 하냐고 물을 수 있습니다. 그런 경우에는 일기가 숙제, 억지로 하는 것이라는 부정적인 경험으로 남아있기 때문입니다. 하지만 일기라는 기록으로 우리의 하루를 남길 때는 분명한 유익이 있습니다. 기록하기 위해 우리는 하루를 돌아보게 되고, 그 경험을 통해 다음날을 살아갈 힘을 얻게 됩니다. 그리고 기록으로 남기지 않는 것은 곧 잊히고 사라지게 되지만, 기록한 것은 사라지지 않고 남아 소중한 성장의 증거가 됩니다.

'예수동행일기'는 하루 동안 나의 일과를 돌아보며 얼마나 예수님을 의식하고 지냈는지 기록하는 것입니다. 아침에 눈뜰 때부터 잠자리에 들 때까지 예수님을 얼마나 생각했는지, 예수님을 잊고 지낸 시간은 없었는지, 하루를 돌아보며 씁니다. 이것은 다음 날 예수님을 생각하며 사는 데 엄청난 도움이 됩니다.

그리고 이 일기는 나 혼자 쓰기보다는 친구, 가족, 동역자와 함께 소그룹을 만들어 서로 나누면서 응원하고 격려하며 한 공동체로 세워질 수 있습니다. 여러분도 '예수동행일기' 훈련을 통해 예수님과 친밀한 동행을 경험해 보시기 바랍니다.

• 예수동행일기 웹사이트

www.jwj.kr

• 예수동행일기 앱 다운받기

안드로이드

애플

오리엔테이션 (1주) ----→ 제자훈련 (10주) ----→ 수료식 (1주)

1. 오리엔테이션

1. 소그룹 나눔 1주차를 시작하기 전에 오리엔테이션을 진행합니다.
2. 제자훈련을 하면서 지켜야 할 약속과 공지 사항을 전달합니다.
   1) 지각하지 않고 정해진 시간에 모여 소그룹을 진행합니다.
   2) 결석하지 않고 제자훈련에 성실하게 참여합니다.
   3) 해야 할 과제(예습, 암송, 예수동행일기, 기도, 말씀묵상)를 안내하고 학생들은 Self-Check List에
      표시합니다.

2. 소그룹 나눔 전 개인 연락(소그룹 나눔 1주차 시작하기 3일 전)

1. 개인 연락을 통해 공지 사항을 재안내합니다.
2. 과제를 확인하고 해올 수 있도록 권면합니다.

3. 이렇게 인도하세요

1. 각 과의 핵심 주제를 생각하며 전체적인 내용을 미리 숙지하고 소그룹 나눔을 인도합니다.
2. 각 과로 들어가기 전, 한 주간 예습하면서 가장 마음에 와닿은 내용이 무엇인지 돌아가면서 이야기합니다.
3. 어느 한 과에 시간을 너무 많이 할애하지 않도록 주의합니다.
4. 성경을 읽고 답하는 형식의 질문은 반원 중 한 사람이 읽고 대답하도록 진행합니다. 개인적인 생각과
   느낌을 묻는 질문은 여러 명의 훈련생이 함께 나누도록 하십시오.
5. 소그룹 나눔에 나온 질문은 각 과의 마지막 질문으로 개인의 삶을 나누는 중요한 질문입니다. 모든 사
   람이 나누는 것을 목표로 진행합니다.
   ⇨ 나눔이 편한 학생부터 시작하도록 하면 전체적인 진행이 조금 수월할 수 있습니다. 청소년 모임의
      특성상 처음 나누는 학생이 짧게, 혹은 '몰라요'로 시작하면 이어서 뒤에 나누는 학생도 짧게 대답하
      거나 '몰라요'로 일관할 가능성이 큽니다.

"저를 소개합니다"

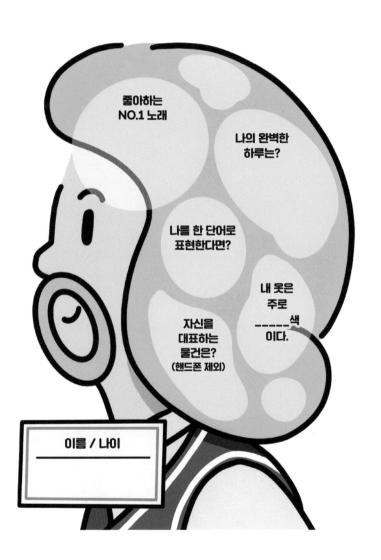

좋아하는
NO.1 노래

나의 완벽한
하루는?

나를 한 단어로
표현한다면?

내 옷은
주로
_____색
이다.

자신을
대표하는
물건은?
(핸드폰 제외)

이름 / 나이
_____

죄의 삯은 사망이요
하나님의 은사는
그리스도 예수
우리 주 안에 있는
영생이니라

로마서 6장 23절

CHAPTER 1

정말 죄인입니까?

01

나는 정말 예수님을 믿는 사람입니까?

핵심요약

1. 교회를 다니는 것과 예수님을 믿는 것은 다른 이야기입니다.
2. 하나님께서 주목하시는 사람은 예수님을 믿고 예수님으로 인해 변화된 사람입니다.

두 학생   같은 교회에 다니는 두 학생이 있었습니다. 전도사님은 두 학생이 다투었고 그중 한 학생이 교회 내에서 '은따'가 되었다는 이야기를 듣게 되었습니다. 전도사님은 은따시키는 학생을 만나서 "수련회에서 은혜도 많이 받았는데 친구와 화해하는 것이 좋지 않겠니?"라고 권면했습니다. 그러자 그 학생은 은혜받은 것과 화해하는 것은 별개라고 했습니다. 그 친구가 잘못한 대가를 치르는 거라고 말했습니다.

위의 이야기와 같이, 사람들은 교회를 다니지만 말씀대로 살지 않습니다. 교회를 다니는 것이 예수님을 믿는다는 말은 아닙니다. 제자훈련 과정의 목표는 특별하지 않습니다. '교회 다니는 사람'이 아니라 '예수님을 믿는 사람'이 되는 것입니다. 여러분은 '교회를 다니는 사람'입니까? 아니면 '예수님을 믿는 사람'입니까?

하나님은 단순히 교회를 다닌다고 해서 기뻐하시지 않습니다. 하나님이 주목하시고 기뻐하시는 사람은 예수님을 믿는 사람, 예수님 때문에 마음, 생각, 행동이 달라진 사람입니다. 또한 십자가 복음의 진리가 하나님의 능력이 된 사람입니다.

22   청소년 예수님의 사람 1

나의 믿음은 어떻습니까?

- 하나님이 살아 계신다는 것을 믿습니까? ☐ Yes ☐ No
- 예수님이 십자가에서 죽으시고 부활하신 것을 믿습니까? ☐ Yes ☐ No
- 예수님의 십자가로 나의 죄가 해결되었음을 믿습니까? ☐ Yes ☐ No
- 성령님이 나와 함께 하심을 믿습니까? ☐ Yes ☐ No
- 지금 죽어도 천국에 갈 확신이 있습니까? ☐ Yes ☐ No
- 영원한 천국과 지옥을 믿습니까? ☐ Yes ☐ No

대부분 교회에 다니냐는 질문에는 쉽게 대답할 수 있습니다. 하지만 위 질문과 같이 자신의 믿음을 확인하는 질문에는 답하기가 쉽지 않습니다. 정확하게 자신의 믿음을 알고, 내가 무엇을 믿고 있는지 설명할 수 있는 사람이 많지 않기 때문입니다. 그럼에도 우리는 쉽게 '믿는다'라고 말합니다. 예수님을 믿는 사람은 대부분 교회를 다닙니다. 그렇다면 교회를 다니는 사람 중에 예수님을 믿는 사람은 얼마나 될까요?

교회를 다니는 사람 or 예수님을 믿는 사람

"저는 모태신앙입니다. 주일에는 가족들과 함께 예배를 드렸지만 학교에서는 믿지 않는 친구들과 크게 다르지 않았습니다. 저는 학교에서 다른 사람의 시선이 신경 쓰여 가장 기본적인 식사기도조차도 어려웠습니다. 시험 기간에는 다른 친구들이 공부하니 같이 공부했고, 놀 때는 그저 신나게 시간을 보냈습니다. 제가 그리스도인이라고 해서 다른 점이라곤 정말 단 하나도 찾아볼 수 없었습니다." (모태신앙인의 고백)

Q.1

예수님을 믿는 나와, 믿지 않는 다른 친구들의 학교생활에는 어떤 차이점이 있나요? 무엇이 다른지 써 보세요.

 진짜믿음, 가짜믿음

많은 학생이 친구들과 밥을 먹는 자리에서 식사기도를 못 하겠다고 합니다. 하지만 예수님은 믿는다고 말합니다. 많은 학생이 혼자 있을 때는 야한 동영상을 보거나 음란한 행동을 합니다. 하지만 예수님은 믿는다고 말합니다. 많은 학생이 학교에서 다른 친구들을 왕따시킵니다. 하지만 예수님은 믿는다고 말합니다. 많은 학생이 자신을 낳아주고 길러주신 부모님을 미워합니다. 하지만 예수님은 믿는다고 말합니다. 예수님을 믿는다고 하면서 다른 사람을 판단하고 정죄하고 비난하는 사람도 있습니다.

Q.2

믿음에는 진짜와 가짜가 있습니다. 마태복음 7장 21절을 써 보세요.
²¹ 나더러 주여 주여 하는 자마다 다 천국에 들어갈 것이 아니요 다만 하늘에 계신 내 아버지의 뜻대로 행하는 자라야 들어가리라

예수님은 "나더러 주여 주여 하는 자마다 다 천국에 들어갈 것이 아니요."라고 말씀하셨습니다. 즉, 우리가 교회를 다닌다고 천국에 들어갈 수 있는 것은 아니라는 겁니다. 죄를 행하고 하나님의 뜻과는 전혀 상관없이 살면서 입으로만 "주여, 주여"라고 고백하기도 한다는 것입니다. 교회를 다닌다고 모두가 제대로 된 믿음을 가진 것이 아닙니다. 내가 만난 예수님이 내 삶을 변화시키지 못했다면, 나는 아직 예수님을 만나지 못한 것입니다.

Q.3

나는 교회만 다니는 사람인가요? 아니면 예수님을 믿는 사람인가요? 왜 그렇다고 생각하는지 쓰고 나누어 보세요.

02

십자가의 능력

핵심요약

1. 예수님을 믿게 될 때 일어나는 첫 번째 변화는 내가 죄인임을 인정하는 것입니다.
2. 죄를 깨닫는 것이 십자가의 첫 번째 능력이고 거듭남의 시작입니다.
3. 우리는 내가 얼마나 큰 죄인인지 깨달아야 합니다.

Q.1

예수님을 믿게 되면 내 안에 일어나는 첫 번째 변화는 무엇일까요?

예수님을 만난 베드로 누가복음 5장에는 베드로가 예수님을 처음 만나는 장면이 나옵니다. 어부였던 베드로는 밤새 물고기를 잡으려고 노력했지만 단 한 마리의 물고기도 잡지 못했습니다. 바로 그때 예수님이 베드로를 찾아오셨고, 예수님이 말씀하시는 대로 그물을 던졌더니 배에 물고기가 가득 차는 놀라운 일을 경험했습니다. 그 후, 예수님을 향한 베드로의 첫 고백은 무엇이었을까요?

누가복음 5장 8절을 써 보세요.

⁸ 시몬 베드로가 이를 보고 예수의 무릎 아래에 엎드려 이르되 주여 나를 떠나소서 나는 죄인이로소이
다 하니

베드로는 셀 수 없이 많은 물고기를 잡았지만 전혀 기뻐하지 않았습니다. 오히려 자신이 죄인이라고 고백했습니다. 왜 베드로는 셀 수 없이 많은 물고기를 잡았는데도 기뻐하지 않았을까요? 베드로는 예수님의 말씀을 통해 기적이 일어나는 것을 본 순간, 믿음의 눈이 열렸습니다. 베드로가 믿음의 눈이 열려 예수님께서 그리스도이심을 발견한 것입니다. 베드로는 그 순간 "주여, 저는 죄인입니다."라고 고백할 수밖에 없었습니다. 그리고 그날 이후 베드로는 모든 것을 다 버리고 예수님을 따르는 제자가 되었습니다.

우리도 마찬가지입니다. 우리가 정말 예수님을 믿게 되면 우리 안에 일어나는 첫 번째 변화는 '내가 죄인이라는 사실을 인정하는 것'입니다. 예수님을 만난 모든 사람은 자신이 죄인임을 깨닫고 고백했습니다. 영적으로 살아나는 것의 시작은 자신의 죄를 깨닫는 것입니다. 이것이 십자가의 첫 번째 능력입니다. 자기가 얼마나 악한 죄인인지 깨달을 때, 거듭남이 시작됩니다. 우리는 어릴 적부터 교회에서 우리가 죄인이라는 이야기를 종종 들었습니다. 그리스도인에게는 "나는 죄인입니다."라는 고백도 어려운 일이 아닙니다. 하지만 실제로 자신이 얼마나 큰 죄인인지 알지 못하는 경우가 많습니다.

죄인임을 깨달음   어릴 때부터 모든 사람이 죄인이라는 이야기를 들으며 자랐던 한 자매가 있었습니다. 자매는 중·고등학생 시절에 죄인이라는 사실을 인정했지만 내가 얼마나 큰 죄인인지에 대해서는 의문이 있었습니다.

그러다 성인이 되어 처음으로 연애를 시작했습니다. 자매는 연애를 시작하고 '혼전순결을 지키지 못하진 않을까?'라는 걱정을 했습니다. 하지만 그동안 모범생으로 자라왔기 때문에 분명히 잘 지켜낼 수 있을 거라고 확신했습니다. 그러나 시간이 갈수록 자매는 남자친구와의 스킨십이 점점 짙어졌습니다. 어쩌면 순결을 지킬 수 없을지도 모르겠다는 생각이

들었습니다. 자매는 매우 혼란스러웠습니다. '남들보다 착하고 반듯하게 살아왔는데 왜 이 정도에 흔들리는 거지?'라는 생각이 들었습니다. 그러던 어느 날 밤, 자매는 '내가 정말 결혼 전에 순결을 지키지 못해서 아기가 생긴다면 어떻게 하지?'라는 생각이 들었습니다. 자매가 마음속으로 이 질문을 했을 때, 단 1초의 망설임도 없이 이렇게 답했습니다. '상상만 해도 끔찍하다. 어떻게 하긴 뭘 어떻게 해? 아무도 모르게 낙태하고 순결한 척 결혼하는 거야'

자매는 펑펑 울기 시작했습니다. 그 생각과 동시에 내가 살인자와 다를 바 없는 죄인이 라는 것이 마음속 깊이 믿어졌기 때문입니다. '살인자를 비난하고 자식을 죽인 사람은 인간 도 아니라며 분노했던 나인데, 어떻게 망설임 없이 낙태를 생각하지?'라는 생각에 자매 는 절망스러웠습니다.

자매에게는 부모님과 주변 사람을 실망시키면 안 된다는 강박관념이 있었습니다. 남들 의 시선으로부터 자신을 숨기기 위해서는 자식조차 죽일 수 있는 악한 마음이 자신 안에 도사리고 있음을 깨달았습니다. 그날 자매는 펑펑 울면서 전심으로 이렇게 고백했습니다.

"주님, 저는 죄인입니다. 예수님, 저는 예수님이 필요합니다."

우리는 지옥으로 가는 영원한 벌을 받을 수밖에 없는 죄인입니다. 그러나 십자가의 능력은 우리가 죄인임을 깨닫게 합니다. 예수님의 십자가는 우리의 죄를 용서하신 사랑 의 징표입니다. 만약 우리가 죄인인 것을 알지 못한다면 십자가의 구원도, 용서도, 사랑 도 아무런 의미가 없습니다.

우리는 죄인이라는 사실을 알고 있습니까? "죄인을 용서해 주세요."라고 기도하지만 실제로는 얼마나 큰 죄인인지 모르고 있지는 않나요?

Q.3

나는 지옥에 갈 수밖에 없는 죄인이라는 사실을 알고 있나요? 솔직한 마음을 쓰고 나누어 보세요.

03

내가 왜 죄인인가요?

핵심요약

1. 우리가 죄를 지어서 죄인이 된 것이 아니라 우리 본성에 죄가 있기 때문에 죄인이 된 것입니다.
2. 우리는 본성에는 죄가 있기 때문에 우리는 자연스럽게 악한 것을 좋아하고, 나쁜 쪽으로 행동이 기울어집니다.
3. 우리에게 본능적으로 하나님을 거부하는 마음이 있음을 알고, 자신의 마음을 정확히 들여다봐야 합니다.

어릴 때부터 교회에 다녔다면 자신을 죄인이라고 말하는 일에 익숙합니다. 그리고 왜 죄인이냐고 물어보면 정해진 답을 말하듯, 아담과 하와가 선악과를 따먹은 '원죄' 때문이라고 말합니다. 물론 맞는 대답입니다. 그러나 아담과 하와가 저지른 원죄 때문에 우리도 죄인이 되었다는 사실을 납득하는 그리스도인은 많지 않습니다. 원죄 때문에 죄인이 되었다고 배웠지만 실제로 아담이 지은 죄와 내가 무슨 연관이 있는지 이해하지 못합니다.

 Q.1

죄는 어떤 것이라고 생각하나요?

우리는 '죄'의 정의에 대해 다시 생각해 볼 필요가 있습니다. 죄는 비난받을 행동이나, 남에게 해를 끼치는 행위라고 정의할 수 있습니다. 우리는 옳지 않은 행동을 하는 사람을 죄인이라고 합니다. 그러나 성경은 그렇게 말하지 않습니다. 성경은 우리의 본성 자체를 '죄'라고 말합니다. 우리의 본성에 죄가 있기 때문에 우리가 죄를 짓게 되는 것입니다.

Q.2

로마서 7장 19-20절을 써 보세요.

¹⁹ 내가 원하는 바 선은 행하지 아니하고 도리어 원하지 아니하는 바 악을 행하는도다 ²⁰ 만일 내가 원하지 아니하는 그것을 하면 이를 행하는 자는 내가 아니요 내 속에 거하는 죄니라

우리의 본성, 우리의 마음 안에는 죄가 있습니다. 우리의 마음은 왜곡되어 있습니다. 무엇이 옳은 것인지 알지만 우리의 본성은 자연스럽게 옳지 않은 것으로 기울어집니다.

Q.3

투명 인간이 된다면 무엇을 하고 싶나요?

위의 질문에 혹시 좋은 일을 하겠다고 답한 사람이 있을까요? 구세군 자선냄비에 돈을 넣겠다든지, 어려운 친구를 돕겠다고 답한 사람이 있을까요? 거의 없을 겁니다. 돈을 훔친다든지, 커닝을 한다든지 혹은 좋아하는 연예인의 집에 가보겠다는 대답들이 나옵니다. 대부분 평소에는 떳떳하게 할 수 없는 행동들입니다. 우리는 왜 보는 사람이 없으면 행동이 나쁜 쪽으로 기울어질까요?

Q.4

사랑하는 것이 선한 일인가요? 미워하는 것이 선한 일인가요? 그렇다면 사랑하기가 쉬운가요? 미워하기가 쉬운가요?

우리는 누구나 미움보다는 사랑이 옳은 것이라고 생각합니다. 그러나 누군가를 사랑하는 것보다 미워하는 것이 더 쉽습니다. 때로는 형제자매, 나를 낳아주신 부모님조차도 미울 때가 있습니다. 사랑에는 노력이 필요하지만 미움은 노력 없이 저절로 됩니다. 억지로 누군가를 미워하려고 애쓰는 사람은 아무도 없습니다. 억지로 미워하려고 하지 않아도 가능하기 때문입니다. 이것만 봐도 우리 마음에는 무언가 문제가 있습니다.

Q.5

보기 중에 저절로 되는 것에 ○를 해 보세요.

미움, 성실, 원수사랑, 시기, 질투, 욕심, 인내, 분노, 열등감,

게으름, 겸손, 온유, 교만, 절제

나쁜 습성은 노력하지 않아도 저절로 생기고, 좋은 습성은 노력 없이는 생기지 않습니다. 왜 그럴까요? 우리의 본성이 죄로 오염됐기 때문입니다. 창세기에서 아담과 하와가 선악과를 훔쳐 먹었다는 이유 하나만으로, 죄인이라고 하는 것이 아닙니다. 뱀이 아담과 하와에게 선악과를 먹으면 눈이 밝아지고 하나님처럼 될 수 있다고 했습니다. 뱀의 말에 현혹된 아담은 하나님처럼 되고 싶었고 하나님 없이도 행복할 수 있을 거라 생각했습니다.

이것이 죄의 속성이자 뿌리입니다. 이와 같은 마음이 우리 안에도 있습니다. 우리가 특정한 죄를 범했거나 어느 수준만큼 죄를 지었기 때문에 죄인이 된 것은 아닙니다. 우리 안에는 본능적으로 하나님을 거부하는 마음이 있습니다. 그렇기 때문에 우리 안에

서 선한 일은 일어나지 않고 자연스레 악한 쪽, 하나님을 거부하는 쪽으로 기울어지게 되는 겁니다.

우리 마음속 깊은 곳에 한 학생이 우연히 유튜브에서 청소년 관람 불가 영상을 접하게 되었습니다. 그 학생은 영상을 본 뒤로, 머릿속에서 영상이 떠나지 않았습니다. 그러면 안 된다는 생각이 들었지만 부모님이 집을 비우시면 어김없이 유튜브에 들어가서 영상을 찾아봤습니다. 이 문제로 괴로워하던 학생은 전도사님께 고민상담을 했습니다. 전도사님은 "정말 죄를 끊고 싶으면 요금제를 바꿔서라도 인터넷 사용을 제한하는 것이 좋지 않겠니?"라고 물었습니다. 한참을 고민하던 학생은 이렇게 답했습니다. "사실 제 마음속 깊은 곳에는 인터넷 사용을 제한하면 정말 영상을 보지 못할 것 같아서 두려운 마음이 들어요."

많은 사람이 악한 일을 하면서도 '나 정도면 괜찮은 사람이지.'라고 생각합니다. 그러나 여러분의 마음을 자세히 들여다보십시오. 무엇이 들어 있습니까?

우리에게는 죄인 것을 알면서도 그 죄를 버리기 싫어하는 마음이 있습니다. 위 예화처럼 우리의 마음속 깊은 곳에는 악을 좋아하는 마음이 자리 잡고 있습니다. 그렇기 때문에 죄인 것을 알지만 끊어내기 어려운 것입니다.

Q. 6

친구를 미워하거나 음란한 영상을 보는 것이 죄임을 압니다. 그렇다면 만약 친구의 뒷담화를 평생 못하거나 음란한 영상을 평생 볼 수 없다고 가정해 봅시다. 어떤 기분이 드나요? 왜 그런 기분이 드는지 쓰고 나누어 보세요.

더 악한 죄인은 없다

핵심요약

1. 나보다 더 나쁜 사람이 있다는 생각에서, 나도 본질적으로 그 사람과 같은 죄인임을 알게 됩니다.
2. 우리는 상황과 조건만 맞으면 언제든지 죄를 지을 수 있는 존재입니다.
3. 하나님이 판단하시는 기준은 행동이 아니라 마음입니다. 성경은 마음으로 짓는 죄와 행동으로 짓는 죄가 같다고 이야기합니다.

Q.1

이 세상에 나보다 더 나쁜 죄인이 있나요? 생각나는 대로 써 보세요.

 끔찍한 사건

2012년에 모두를 경악하게 한 사건이 있었습니다. 경기도 부천시에서 발생한 초등학생 살인 사건이었습니다. 당시에 끔찍한 사건이 발생했지만 범인이 밝혀지지 않았습니다. 그러던 2015년 12월 어느 날, 범인이 밝혀지고 긴급 체포되어 세상에 알려졌습니다.

놀랍게도 범인은 초등학생의 아버지였습니다. 수사에 따르면 술에 취한 아버지는 당시 초등학교 1학년인 아들을 2시간 동안 심하게 폭행했습니다. 다음 날 아침, 부모는 의자에 앉아있는 아들이 의식이 없는 것을 알게 되었습니다. 하지만 그때는 아들이 이미 숨진 뒤였습니다. 뒤늦게 숨진 것을 알게 된 부모는 경찰에 신고할 생각도 하지 않고 아들의 시신을 절단해 3년 동안 냉동실에 보관했습니다. 보관하지 않은 시신은 쓰레기통과 변기에 나눠서 버렸습니다. 아버지는 아들이 5세 때부터 어린이집에서 문제를 일으키고, 단체 생활에 적응하지 못한다는 이유로 폭행을 시작했습니다. 7세 이후에는 폭행의 정도가 심해지고 횟수도 늘었다고 합니다.

Q.2

만약 위 기사에 나온 아버지와 내가 똑같은 죄인 취급을 받는다면 기분이 어떨 것 같나요?

우리는 우리 자신을 죄인이라 고백합니다. 그러나 온 나라를 떠들썩하게 한 범죄자들과 자신을 똑같이 취급한다면 매우 불쾌해합니다. 명목상으로는 같은 죄인이라고 할 수 있지만 범죄자들과 나는 죄의 질이 다르다고 생각합니다. 그들은 극악한 죄인이고 나는 적당히 괜찮은 죄인이라고 생각합니다.

그러나 좀 더 깊이 생각해 봅시다. 기사에 나온 아버지는 처음부터 살인자가 되고 싶어 아들을 죽인 것일까요? 그렇지 않을 것입니다. 하지만 아들을 죽일 때 아버지의 마음은 아들을 향한 분노와 미움이 가득했습니다. 어린이집에서도 적응하지 못하고 문제가 있다고 여겨지는 아들이 없어졌으면 좋겠다는 마음이 들었을 겁니다. 그리고 아버지는 그 마음을 행동으로 옮겼습니다. 우리 안에는 이 아버지가 품었던 것과 같은 분노나 미움이 조금도 없다고 할 수 있나요?

아마 없다고 말하기 힘들 것입니다. 그러나 분명한 차이는 있습니다. 마음과 생각은 비슷할지 모르지만 행동으로 옮기지 않았다는 것입니다. 우리는 왜 행동으로 옮기지 않을까요? 우리의 도덕성이 뛰어나기 때문인가요? 아니면 감정을 잘 절제하는 사람이기 때문일까요? 그렇지 않습니다. 우리를 둘러싸고 있는 상황과 환경이 우리가 죄를 짓지 않을 수 있도록 붙들어 준 것입니다. 만약 이런 상황과 환경이 사라진다고 해도 우리는 죄를 짓지 않을 수 있다고 자신 있게 말할 수 있을까요?

 상황과 조건   2020년 9월, 한 뉴스에 따르면 고등학생 A군이 갑자기 초등학교 시절에 같은 학원을 다녔던 B군을 찾아갔습니다. A군은 B군을 찾아가 공격했고, B군은 전치 4주의 상해를 입었다고 합니다. 경찰의 조사에 의하면 A군은 B군에게 괴롭힘을 당한 적이 있었습니다. A군은 괴롭힘을 당하고 트라우마와 우울증을 겪었습니다. 그리고 약 8년이 지난 2020년 9월에 A군은 B군을 찾아가 흉기로 복부, 가슴, 어깨 등을 11차례 찔러 상처를 입혔습니다.

우리 마음에 악한 것이 있지만 행동으로 옮기지 않는 것은 우리의 선한 의지 때문이 아닙니다. 상황과 조건이 우리가 죄를 지을 수 없도록 막아준 것입니다. 우리는 상황과 조건만 맞다면 언제든지 마음속의 생각을 행동으로 옮길 수 있는 존재들입니다.

Q.3

요한복음 3장 15절을 써 보세요.
15 이는 그를 믿는 자마다 영생을 얻게 하심이니라

우리는 마음으로 누군가를 미워하는 것과 살인하는 것 중에 어떤 것이 더 심각한 죄냐고 물을 때, 당연히 살인하는 것이 더 심각한 죄라고 생각합니다. 그러나 사도 요한은 마음으로 미워하는 것이 살인하는 것과 같다고 말합니다. 미워하는 마음은 언제라도 상황과 조건에 따라 살인으로 이어질 수 있기 때문입니다. 하나님은 우리의 마음을 보십니다. 하나님이 사람을 판단하는 기준은 행동이 아니라 마음입니다.

Q. 4

사무엘상 16장 7절을 써 보세요.

7 여호와께서 사무엘에게 이르시되 그의 용모와 키를 보지 말라 내가 이미 그를 버렸노라 내가 보는 것은 사람과 같지 아니하니 사람은 외모를 보거니와 나 여호와는 중심을 보느니라 하시더라

씨앗이 하나 있다고 생각해 봅시다. 이 씨앗에는 열매를 맺을 수 있는 무한한 가능성이 있습니다. 그러나 이 씨앗을 유리병 안에 넣고 뚜껑을 닫아 놓으면 절대 열매를 맺을 수 없습니다. 유리병 안은 씨앗이 나무로 자랄 수 없는 환경이기 때문입니다. 그러나 이 씨앗을 햇빛도 잘 들고 비도 잘 내리며 거름이 충분한 땅에 심는다면 어떻게 될까요? 분명 많은 열매를 맺을 것입니다. 씨앗에 나무가 자랄 수 있는 상황과 조건이 갖춰졌기 때문입니다.

죄의 속성도 이와 같습니다. 우리 또한 상황과 조건이 주어진다면, 우리가 비난하는 범죄자들처럼 악한 생각을 행동으로 옮길 수 있는 죄인입니다.

남이 보지 않는 곳에서 한 남학생은 최근에 친구들과 관계가 서먹해졌습니다. 남학생의 친구들은 주말마다 자전거를 타러 갔습니다. 그런데 남학생은 가정 형편상 자전거를 살 수 없어서 친구들과 함께 시간을 보내지 못했습니다. 그러다 보니 친구들과 자연스레 거리가 멀어졌습니다. 학교에서 친구들이 자전거 이야기를 하면 남학생은 아무 말도 할 수 없었습니다. 항상 자전거가 있는 친구들이 부러웠습니다. 그러던 어느 날, 남학생이 집에 돌아오는 길에 값비싼 자전거가 담벼락에 세워져 있었습니다. 남학생은 가던 길을 멈추고 주변을 둘러봤습니다. 마침 주변을 둘러보니 아무도 없었습니다. 망설이던 남학생은 결국 그 자전거를 훔쳤습니다. 하지만 우연히 그 앞을 지나가던 경찰관이 현장을 목격했고 남학생은 잡히고 말았습니다.

상황만 허락한다면

교회에서 모두가 신앙이 좋다고 인정하는 남자 청년이 있었습니다. 청년은 교회를 열심히 다녔지만 한 가지에 중독되어 있었습니다. 바로 음란한 동영상이었습니다. 청소년기부터 중독되어 꾸준히 동영상을 봤지만 음란한 동영상을 보더라도 실제로 그런 행동을 한 것은 아니기 때문에 괜찮다고 여겼습니다.

그는 음란한 중독을 끊어내지 못한 채 군대에 입대했습니다. 입대 후 첫 휴가를 받고 그는 동기들에게 이끌려 성매매 업소에 갔습니다. 그리고 한 번 간 이후로 그에게 성매매 업소를 가는 것은 어려운 일이 아니었습니다. 청소년기에는 마음이 있어도 상황이 따라주지 못했기 때문에 음란한 죄를 행동으로 옮기지 못했을 뿐입니다. 하지만 제약이 사라지고 나니 행동으로 음란한 죄를 짓는 것이 너무도 쉬워졌습니다.

 Q.5

나는 상황과 조건만 맞으면 얼마든지 죄를 지을 수 있는 죄인임을 인정하나요? 내 마음 안에 언제든지 열매 맺을 수 있는 죄의 씨앗이 있다면 쓰고 나누어 보세요.

05

죄의 결과, 죽음과 심판

핵심요약

1. 죄의 결과는 육체의 죽음과 영적인 죽음 모두를 의미합니다.
2. 우리는 죽음 이후에 하나님의 심판을 받게 되고, 죄인이 받을 판결은 지옥행입니다.
3. 그러나 하나님의 본심은 우리가 심판받는 것이 아니라, 하나님께 돌아오는 것입니다.

죄를 죄라 여기지 않는　　　　한 술집의 주인이 황당한 일을 겪었습니다. 세 명의 고등학생이 주민등록증을 위조해 자신의 가게에서 술을 마신 것입니다. 주인이 학생들을 내쫓으려 하자, 학생들은 잘못을 인정하고 용서를 구하기는커녕 학생 신분인 자신들에게 술을 팔았으니 경찰에 신고해서 영업을 못 하게 하겠다며 협박했습니다. 그리고 이들은 술값도 내지 않고 유유히 가게를 나갔습니다. 한 학생은 나가면서 이렇게 말했습니다. "아저씨, 요즘 고등학생 중에 술집에서 술 못 마셔본 놈 별로 없어요."

세상 사람들은 자신이 죽을 수밖에 없는 죄인임을 실감하지 못합니다. 하나님을 떠난 사람의 마음속에는 온갖 악독한 생각이 가득하지만 아무렇지도 않게 살아갑니다. 얼마나 심각한 상황인지 알지 못하는 겁니다. 그러나 성경은 '하나님 없이도 행복할 수 있다.'고 생각하는 사람의 결과를 아주 명확하게 보여줍니다.

로마서 1장 29-32절은 하나님 없이 살아가는 사람의 마음이 얼마나 비참한지 보여주고 있습니다.

그야말로 지옥 판이 벌어졌습니다. 악이 들끓고, 욕망의 아수라장이 벌어지고, 악독한 중상모략이 판을 쳤습니다. 시기와 무자비한 살인과 언쟁과 속임수로, 그들은 이 땅의 삶을 지옥으로 만들어 버렸습니다. 그들을 보십시오. 비열한 정신에, 독기에, 일구이언하며, 하나님을 맹렬히 욕하는 자들입니다. 깡패요, 건달이요, 참을 수 없는 떠버리들입니다! 그들은 삶을 파멸로 이끄는 새로운 길을 끊임없이 만들어 냅니다. 그들은 자기 인생에 방해가 될 때는 부모조차도 저버립니다. 우둔하고, 비열하고, 잔인하고, 냉혹한 자들입니다. 그들이 뭘 몰라서 그러는 것이 아닙니다. 그들은 자기들이 하나님의 얼굴에 침을 뱉고 있다는 사실을 너무도 잘 알고 있습니다. 하지만 그들은 개의치 않습니다. 오히려 가장 나쁜 짓을 가장 잘하는 이들에게 상까지 주고 있습니다! 로마서 1장 29-32절 《메시지 성경》, 유진 피터슨

사람들은 하나님이 없어도 행복할 수 있다고 생각합니다. 그러나 하나님이 없는 삶은 말 그대로 지옥입니다. 우리의 마음에는 이미 죄의 씨앗이 심어졌기 때문에, 죄의 열매를 맺을 수밖에 없습니다. 성경이 죄의 결과에 대해 무엇이라고 말하는지 확인해 봅시다.

 Q.1

히브리서 9장 27절을 써 보세요.

²⁷ 한 번 죽는 것은 사람에게 정해진 것이요 그 후에는 심판이 있으리니

성경은 죄의 결과에 대해서 분명히 말합니다. 죄로 인해 모든 사람은 죽고, 죽음 이후에는 하나님의 심판이 있습니다.

1. 죄의 결과는 죽음입니다

 Q.2

로마서 6장 23절을 써 보세요.

²³ 죄의 삯은 사망이요 하나님의 은사는 그리스도 예수 우리 주 안에 있는 영생이니라

 Q.3

로마서 5장 12절을 써 보세요.

¹² 그러므로 한 사람으로 말미암아 죄가 세상에 들어오고 죄로 말미암아 사망이 들어왔나니 이와 같이 모든 사람이 죄를 지었으므로 사망이 모든 사람에게 이르렀느니라

성경은 '죄의 삯은 사망'이라고 했습니다. 그렇기에 죄인인 우리는 한 명도 예외 없이 죽음에 이르게 됩니다. 이 죽음은 육체의 죽음과 영적인 죽음 모두를 의미합니다. 영이 죽은 상태일 때 우리는 어떤 모습일까요? 죄를 지어도 죄라고 생각하지 못합니다. 예배를 대충 드려도, 거짓말을 해도, 아무런 죄책감이 들지 않습니다. 하나님에 대해서 알려고 하지도 않으며 관심조차도 없습니다. 이것이 곧 영이 죽었다는 신호입니다.

다음은 학생들이 세례를 받으면서 한 간증의 일부분입니다.

우리 마음속 깊은 곳에 "저는 초등학교 3학년부터 교회에 다니기 시작했습니다. 저에게 교회는 찬양시간은 가만히 있는 시간, 말씀시간은 조는 시간, 예배가 끝나면 밥 먹는 곳이었습니다. 주일예배 때는 아무런 생각 없이 앉아있고 수련회에 놀려고 갔습니다. 지금 생각해 보면 저는 예배드리러 교회에 가는 아이가 아니었습니다." (고1 남학생)

"저는 죄가 죄인 줄도 모르고 수많은 죄를 지으며 살았고 그런 것이 당연하다고 생각했습니다." (고3 남학생)

"저는 기독교 학교에 다닙니다. 하지만 기독교 학교 학생들도 뒷담화나 욕을 많이 합니다. 저 역시 친구와의 관계 때문에 뒷담화를 많이 했습니다. 그래도 크게 잘못했다는 느낌이 들거나 죄책감이 들진 않았습니다." (중1 여학생)

2. 죄의 결과는 심판입니다

죄인은 죽음 이후에 하나님의 심판을 받습니다. 죄인이 받는 판결은 지옥에 가는 것입니다. 이것이 성경에서 말하는 죄의 결과입니다.

Q.4

요한계시록 21장 8절을 써 보세요.
8 그러나 두려워하는 자들과 믿지 아니하는 자들과 흉악한 자들과 살인자들과 음행하는 자들과 점술가들과 우상 숭배자들과 거짓말하는 모든 자들은 불과 유황으로 타는 못에 던져지리니 이것이 둘째 사망이라

성경은 지옥을 불과 유황으로 타는 못에 던져지는 것이라고 말합니다. 불과 유황으로 타는 못은 끝없는 고통을 의미합니다. 이것이 성경에서 말하는 둘째 사망이고, 그 결과로 가게 될 지옥입니다. 내가 죄인인 것이 믿어지면 지옥도 믿어집니다. 나같이 끔찍한 죄인은 천국에 갈 수 없는 존재라는 것이 깨달아지기 때문입니다. 죄의 결과는 죽음과 심판이고 그 끝은 지옥입니다.

그런데 하나님의 마음은 우리를 심판하는 것에 있지 않습니다. 하나님은 우리가 심판 받기를 원하시지 않습니다. 우리가 구원받기를 원하십니다. 그것이 하나님의 사랑입니다.

Q.5

요한복음 3장 17절을 써 보세요.

¹⁷ 하나님이 그 아들을 세상에 보내신 것은 세상을 심판하려 하심이 아니요 그로 말미암아 세상이 구원을 받게 하려 하심이라

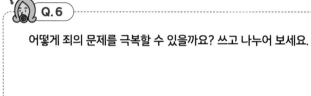

Q.6

어떻게 죄의 문제를 극복할 수 있을까요? 쓰고 나누어 보세요.

소그룹 나눔

1단원 안내

청소년들에게 복음을 전하거나 제자훈련을 할 때, 가장 어려운 점은 자신이 얼마나 큰 죄인인지를 모른다는 것입니다. 대부분의 설교나 교회 교육은 죄의 결과, 죄의 열매에 초점을 맞추고 있기 때문입니다. 그러나 성경은 우리가 죄를 지을 수밖에 없는 죄인임을 알려줍니다. 청소년 시절에 큰 죄는 짓지 않았더라도, 그 마음에 하나님 두기를 싫어하는 죄인은 상황과 조건만 주어지면 무슨 죄도 지을 수 있는 죄인입니다. 청소년들이 상황과 조건만 맞으면 죄를 지을 수 있는 죄인임을 인정하고, 그 죄를 해결하기 위해서는 하나님의 은혜가 필요함을 깨닫는 것이 이 단원의 목표입니다. 하나님은 죄를 짓지 않는 우리를 사랑하는 것이 아니라 어떤 죄인이라도 사랑하심을 알게 합니다.

마음 열기
(7분)

1. p.19를 사용하여 자기소개를 돌아가면서 해봅니다.

⇨ 학생용 교재에는 미리 작성하도록 안내가 되어 있습니다. p.19를 사용하여 미리 작성한 자기소개를 인도자부터 돌아가면서 합니다.

2. 시작기도를 하고 본격적인 소그룹 나눔을 시작합니다.

⇨ 매주 학생들이 돌아가면서 시작기도를 할 수 있도록 합니다. 미리 나이, 앉은 자리 등 순서를 정해 2주차부터 11주차까지 자신이 시작기도를 하는 주를 알려줍니다. 2주차는 인도자가 시작기도를 합니다.

기초 다지기
(3분)

1. 예습, 암송, 예수동행일기, 기도, 말씀묵상을 충실히 했는지 같이 점검해 봅니다.

2. 성경 암송 과제를 함께 암송합니다. 암송 구절: 로마서 6장 23절

⇨ 죄의 삯은 사망이요 하나님의 은사는 그리스도 예수 우리 주 안에 있는 영생이니라

나 눔 (80분)

01 나는 정말 예수님을 믿는 사람입니까? (P.25)

Q. 나는 교회만 다니는 사람인가요? 아니면 예수님을 믿는 사람인가요? 왜 그렇다고 생각하는지 쓰고 나누어 보세요.

핵심요약

1. 교회를 다니는 것과 예수님을 믿는 것은 다른 이야기입니다.
2. 하나님께서 주목하시는 사람은 예수님을 믿고 예수님으로 인해 변화된 사람입니다.

02 십자가의 능력 (P.29)

Q. 나는 지옥에 갈 수밖에 없는 죄인이라는 사실을 알고 있나요? 솔직한 마음을 쓰고 나누어 보세요.

핵심요약

1. 예수님을 믿게 될 때 일어나는 첫 번째 변화는 내가 죄인임을 인정하는 것입니다.
2. 죄를 깨닫는 것이 십자가의 첫 번째 능력이고 거듭남의 시작입니다.
3. 우리는 내가 얼마나 큰 죄인인지 깨달아야 합니다.

03 내가 왜 죄인인가요? (P.33)

Q. 친구를 미워하거나, 음란한 영상을 보는 것이 죄임을 압니다. 그렇다면 만약 친구의 뒷담화를 평생 못하거나 음란한 영상을 평생 볼 수 없다고 가정해 봅시다. 어떤 기분이 드나요? 왜 그런 기분이 드는지 쓰고 나누어 보세요.

핵심요약

1. 우리가 죄를 지어서 죄인이 된 것이 아니라 우리 본성에 죄가 있기 때문에 죄인이 된 것입니다.
2. 우리는 본성에는 죄가 있기 때문에 우리는 자연스럽게 악한 것을 좋아하고, 나쁜 쪽으로 행동이 기울어집니다.
3. 우리에게 본능적으로 하나님을 거부하는 마음이 있음을 알고, 자신의 마음을 정확히 들여다봐야 합니다.

04 더 악한 죄인은 없다 (P.38)

Q. 나는 상황과 조건만 맞으면 얼마든지 죄를 지을 수 있는 죄인임을 인정하나요? 내 마음 안에 언제든지 열매 맺을 수 있는 죄의 씨앗이 있다면 쓰고 나누어 보세요.

핵심요약

1. 나보다 더 나쁜 사람이 있다는 생각에서, 나도 본질적으로 그 사람과 같은 죄인임을 알게 됩니다.
2. 우리는 상황과 조건만 맞으면 언제든지 죄를 지을 수 있는 존재입니다.
3. 하나님이 판단하시는 기준은 행동이 아니라 마음입니다. 성경은 마음으로 짓는 죄와 행동으로 짓는 죄가 같다고 이야기합니다.

05 죄의 결과, 죽음과 심판 (P.43)

Q. 어떻게 죄의 문제를 극복할 수 있을까요? 쓰고 나누어 보세요.

핵심요약

1. 죄의 결과는 육체의 죽음과 영적인 죽음 모두를 의미합니다.
2. 우리는 죽음 이후에 하나님의 심판을 받게 되고, 죄인이 받을 판결은 지옥행입니다.
3. 그러나 하나님의 본심은 우리가 심판받는 것이 아니라, 하나님께 돌아오는 것입니다.

마무리
(10분)

⇨ 먼저 단원의 내용을 간단히 정리합니다.

1. 친구들에게 자신의 기도제목을 나눕니다. 자신과 다른 친구들의 기도제목을 이곳에 적어봅시다.

⇨ 개인 기도제목을 돌아가면서 나누고 인도자가 단원 주제에 맞는 기도제목을 제시하고 함께 기도합니다. 마지막으로 인도자가 마무리 기도하고 주기도문으로 마칩니다.

2. 다음 주 성경 암송 구절: 요한복음 5장 24절

내가 진실로 진실로 너희에게 이르노니 내 말을 듣고 또 나 보내신 이를 믿는 자는 영생을 얻었고 심판에 이르지 아니하나니 사망에서 생명으로 옮겼느니라

⇨ 다음 단원을 짧게 소개합니다. 다음주 성경 암송 구절을 같이 읽어본 후, 꼭 외워올 수 있도록 독려합니다.

내가 진실로 진실로
너희에게 이르노니
내 말을 듣고
또 나 보내신 이를 믿는 자는
영생을 얻었고
심판에 이르지 아니하나니
사망에서 생명으로 옮겼느니라

요한복음 5장 24절

놀라운 하나님의 사랑

01

구원의 길,
예수 그리스도

핵심요약

1. 우리가 구원받을 수 있는 유일한 길은 예수 그리스도입니다.
2. 죄 없는 예수님께서 십자가에서 죽으심으로 우리의 죗값을 대신 치르셨습니다. 예수님으로 인해 우리는 모든 죄를 용서받았고 구원을 얻었습니다.
3. 다른 종교들이 말하는 것처럼 선한 행위로 천국에 가는 것이 아니라, 우리는 예수님을 통한 용서를 알고 받아들이는 믿음으로 천국에 갑니다.

우리는 1단원에서 우리가 죄인이라는 사실을 인정했습니다. 그리고 그 죄인에게는 심판이 있으며 영원한 지옥의 고통이 기다리고 있음을 알았습니다. 우리는 심각한 상황에 놓여있습니다. 그렇다면 이 두려운 심판에서 어떻게 구원을 얻을 수 있을까요?

 Q.1

요한복음 14장 6절을 써 보세요.

⁶ 예수께서 이르시되 내가 곧 길이요 진리요 생명이니 나로 말미암지 않고는 아버지께로 올 자가 없느니라

하나님은 죄로 죽을 수밖에 없는 우리를 구원하기 위해 한 가지 길을 주셨습니다. 그 길은 바로 예수 그리스도입니다.

구약시대에는 죄를 지으면 제사를 지냈습니다. 죄를 지은 사람은 제사를 위해 제물로 양이나 소를 가지고 왔습니다. 그리고 그 제물에 손을 얹고 자신의 죄를 고백했습니다.

그러면 그 죄가 제물에게로 옮겨가고 제물을 죽여서 태우는 것을 통해 자신의 죄가 용서된다고 믿었습니다.

예수님은 어린양입니다. 예수님은 십자가에서 죽으셨습니다. 죄 없는 하나님의 아들이신 예수님께서 십자가에서 죽으신 것은 우리의 죄를 대신 가져가셨기 때문입니다. 죄인인 우리가 받아야 할 죗값을 예수님께서 대신 치르셨습니다. 그래서 우리의 모든 죄가 용서되었습니다. 그리고 이것을 마음으로 믿는 사람은 모든 죄를 용서받고 구원을 얻습니다. 그러므로 우리에게 필요한 것은 예수님께서 우리의 모든 죗값을 대신 치르셨고, 우리의 죄가 용서받았다는 진리를 인정하는 것입니다. "아멘. 제가 믿습니다."라고 고백하는 것입니다. 그러면 우리는 모든 죄를 용서받습니다. 이것이 성경이 말하는 진리입니다.

세상의 다른 종교는 선한 일을 많이 해야 천국에 갈 수 있다고 말합니다. 악한 일을 하지 않고 선한 일을 많이 하는 것이 천국에 가는 조건인 것입니다. 그러나 우리는 죄의 본성을 가지고 있기에 자연스럽게 악으로 기울어집니다. '선하게 살아야지.' 결심은 하지만 선하게 살 수 있는 힘이 우리에겐 없습니다.

우리에게 필요한 것은 선한 일을 많이 하는 것이 아니라 죄에 대한 하나님의 용서입니다. 하나님께서는 우리의 죄를 그의 아들 예수 그리스도에게 지게 하셨습니다. 십자가에서 우리 대신 죽으심으로 우리가 치러야 할 죗값을 모두 갚아 주셨습니다. 그로 인해 우리는 용서받고 하나님의 자녀가 되었습니다. 이 진리를 인정하는 것이 믿음입니다.

로마서 3장 23-24절을 써 보세요.

23 모든 사람이 죄를 범하였으매 하나님의 영광에 이르지 못하더니 24 그리스도 예수 안에 있는 속량으로 말미암아 하나님의 은혜로 값 없이 의롭다 하심을 얻은 자 되었느니라

존 뉴턴_{John Newton}은 아프리카에서 노예들을 팔아넘기던 사람이었 습니다. 그는 아프리카에서 무역을 끝내고 고향으로 가는 중 큰 폭 풍을 만났습니다. 배로 밀려오는 물을 퍼내면서 임박한 죽음을 느꼈습니다. 그는 자신도 모 르게 "주여, 우리에게 자비를 베풀어주소서!"라고 기도했습니다. 평소 거친 욕설을 일삼았 던 뉴턴은 스스로도 깜짝 놀랐습니다. 그리고 그의 기도는 응답되었습니다. 폭풍이 잠잠해 지고 임박했던 죽음에서 겨우 살아날 수 있었습니다.

기도의 응답을 경험한 뉴턴은 성경읽기와 기도를 시작했습니다. 그리고 하나님이 자신 의 죄를 용서하시는 분임을 완전히 믿게 되었습니다. 그의 삶은 놀랍게 변화되었고 그는 목 사가 되었습니다. 또 '나 같은 죄인 살리신(Amazing Grace)'이라는 전 세계적으로 사랑받는 찬 양을 작곡했습니다. 뉴턴은 나이가 들면서 기억력을 거의 상실했지만 이 말 만큼은 입버릇 처럼 계속 중얼거렸다고 합니다.

"다른 것은 다 잊어도 내가 죄인이었던 것과 죄에서 구원받았다는 것은 결코 잊어버리 지 않는다."

Q.3

예수님이 나의 죄 때문에 십자가에서 죽으셨고, 그로 인해 나의 모든 죄가 용서받았다는 것을 믿 나요? 언제, 어떻게 그 일이 처음 믿어졌는지 쓰고 나누어 보세요.

모태신앙인의 고백

한 교회의 고등학교 1학년 학생의 고백입니다. "저는 모태신앙입니다. 그러나 예수님을 믿기 시작한 것은 중학교 2학년 여름 수련회였습니다. 저는 아무런 생각 없이 수련회에서 예배를 드렸습니다. 예배 후에는 선생님들이 예수님의 십자가 사건을 재연하는 연극을 보여 주셨습니다. 예수님 역할의 남자 선생님께서 웃옷을 벗고 십자가를 지고 우리 앞을 지나갔습니다. 로마 군인 역할의 선생님은 채찍으로 예수님을 때렸습니다. 연극이라는 것을 알고 있었지만 그 장면을 보니 마음이 뜨거워지고 눈물이 났습니다. 그리고 이천 년 전에 예수님께서 십자가에 달려 돌아가신 이유가 '나의 죄' 때문이라는 것이 믿어졌습니다. 그리고 예수님께서 나의 모든 죄를 용서하신 것이 믿어졌습니다. 그날, 저는 죄인에서 하나님의 자녀가 되었습니다."

회개하면 용서받는다

핵심요약

1. 죄의 문제는 숨기거나 드러나지 않는다고 해결되지 않습니다.
2. 그리스도인은 예수님 앞에서 죄를 고백하는 회개를 통해 죄와 싸워야 합니다.
3. 회개하면 하나님은 반드시 우리를 용서해 주십니다.

하나님은 예수 그리스도를 통해 우리를 용서하십니다. 그러나 하나님은 아무런 과정 없이 죄를 용납하시는 것은 아닙니다. 우리도 해야 할 일이 있습니다. 그것은 회개입니다. 사람은 죄를 지으면 걱정하고 두려워합니다. '들키면 어떻게 하지?'라는 생각을 합니다. 몰래 음란한 영상을 보고 자랑스럽게 부모님께 가서 말하는 사람은 없을 겁니다. 우리는 들키지만 않는다면 죄를 지어도 괜찮다고 생각합니다. 그래서 잘못하고도 '증거 있어?'라고 뻔뻔한 태도를 보이기도 합니다. 우리는 죄의 행위가 아니라 죄를 숨기는 것에만 관심이 있습니다.

숨겨진 과실, 드러난 진실

한 산부인과에서 있었던 일입니다. 만삭의 임산부가 갑자기 양수가 터져 급하게 산부인과로 갔습니다. 그런데 담당 의사인 원장이 예배를 드리러 갔다며 무려 10시간이나 자리를 비웠습니다. 임산부의 상태가 점점 심각해지자 원장은 간호사들과 메시지를 주고받으며 분만을 시도했습니다.

간호사들의 힘겨운 노력 끝에 아기가 태어났지만 아기의 심장은 멈춰 있었습니다. 놀란 간호사들은 급히 아기를 다른 병원으로 옮겼고 아기의 생명을 살릴 수 있었습니다. 아기는 겨우 살아났지만 태어나자마자 식물인간이 되었고 끝내 3개월 만에 죽고 말았습니다. 원장의 무책임함으로 아기는 죽음에 이르렀습니다. 그런데 원장은 의료 과실을 인정하지 않고 오히려 숨기려 했습니다. 원장은 "산모가 일부러 장애를 갖고 태어난 아기를 키우기 싫어 죽였을 겁니다."라고 뻔뻔하게 거짓말을 했습니다. 원장은 거짓말을 들키지 않으려고 온갖 방법을 썼습니다. 그러나 병원 차트 기록, 간호사들의 양심고백으로 원장의 범행은 들통나고 말았습니다.

Q.1

잘못을 숨겨본 경험이 있나요? 언제 잘못을 숨겼는지 써 보세요.

사람은 죄를 짓게 되면 그 죄를 숨기기에 급급합니다. 그러나 죄는 숨긴다고 해결되는 것이 아닙니다. 평생 어떻게든 자신의 죄를 숨기며 살아야 한다고 생각하면 그 삶에는 기쁨이 사라집니다. 죄에서 자유하기 위해 우리가 해야 하는 것은 우리의 죄를 하나님 앞에 고백하는 것입니다. 그리스도인은 죄를 숨기는 것이 아니라, 인정하고 하나님 앞으로 나아가는 자세가 필요합니다. "나는 죄인입니다."라고 나의 죄를 하나님 앞에 고백해야 합니다. 이것을 '회개'라고 합니다. 하나님은 어떤 죄를 지어도 용서하시지만 용서를 구하지 않은 죄는 그냥 두시지 않습니다. 우리는 회개를 통해 죄와 싸워야 하며 거룩한 삶으로 나아가야 합니다.

Q.2

사도행전 3장 19절을 써 보세요.
19 그러므로 너희가 회개하고 돌이켜 너희 죄 없이 함을 받으라 이같이 하면 새롭게 되는 날이 주 앞으로부터 이를 것이요

우리는 회개하면 용서받는다는 사실을 믿어야 합니다. 회개함으로써 우리는 죄로부터 자유롭게 됩니다. 그리고 하나님으로부터 '용서'라는 놀라운 은혜를 경험합니다. 예수님을 의지하고 회개하면 죄 씻음을 받습니다. 죄 씻음의 은혜는 예수님을 믿는 사람만 경험할 수 있습니다. 회개의 삶이 없다면 죄의 문제에 넘어져서 예수님을 믿으면서도 기쁨 없이 생활하게 됩니다. 우리가 누군가에게 잘못한 것이 있다면 "죄송합니다. 용서해 주세요."라고 하지 않나요? 내가 용서를 구해야 할 대상이 누구인지 알기 때문입니다.

우리의 삶은 다 주님과 관계되어 있습니다. 우리의 모든 죄는 다 주님께 지은 죄입니다. 부모님께, 친구들에게, 교회 또는 학교에서, 그리고 혼자 은밀하게 지은 부끄러운 일까지 모두 다 예수님께 지은 죄입니다. 왜냐하면 우리는 예수님을 우리 삶의 주인으로 받아들였기 때문입니다. 만약 예수님께서 함께 계신다는 것을 아는 사람이라면 죄를 짓는 순간 주인이신 예수님께 잘못을 고백하게 될 것입니다. 그러므로 회개가 없는 삶은 예수님이 함께 계신다는 것을 믿지 않는 삶입니다. 여기서 우리가 기억해야 할 것은 회개함으로 예수님께 나아간다면 우리는 '반드시 용서받는다'라는 사실입니다.

회개와 자유함 한 학생이 하나님의 놀라운 용서를 경험했습니다. "저는 제자훈련 전부터 부모님 몰래 웹툰과 유튜브를 늦게까지 봤습니다. 어느 순간 그것이 하나님을 바라보지 못하게 하고, 시간을 낭비하기 때문에 죄라는 생각이 들었습니다. 찔리기는 했지만 웹툰과 유튜브를 보는 시간이 너무 즐거워서 끊을 수가 없었습니다. 그러나 제자훈련을 하는 도중, 반복해서 짓고 있는 죄에 대해 회개해야겠다는 마음이 들었습니다. 저는 마음을 먹고 하나님께 나아가 죄를 고백했습니다. 죄를 고백하는 순간 이상한 기분이 들었습니다. 죄라고 생각했던 것을 고백하니 답답함이 사라졌습니다. 가슴이 뻥 뚫린 것처럼 후련해지는 신기한 경험을 했습니다. 그리고 나중에 엄마께 말씀드렸더니 엄마는 저에게 하나님이 나를 용서하셔서 그런 거라고 하셨습니다. 하나님의 위대하신 사랑이 신기하고 감사했습니다."

Q.3

죄를 짓고도 회개하지 않고 넘어갔던 적이 있었나요? 있다면 그 이유를 쓰고 나누어 보세요.

03 하나님의 완전한 사랑

핵심요약

1. 우리가 정말 용서받았는지는 느낌이 아니라 하나님의 말씀을 통해 알 수 있습니다.
2. 같은 죄를 반복해서 지어도 하나님은 회개할 때마다 용서해 주십니다.
3. 계속해서 회개하면 죄를 짓는 것이 오히려 괴롭게 느껴집니다. 우리는 예수님의 사랑으로 죄를 이길 수 있습니다.

 Q.1

똑같은 죄를 반복해서 지어본 적이 있나요? 어떤 죄였는지 써 보세요.

확신 없는 회개

"저는 초등학교 3학년 때 물건을 훔친 적이 있습니다. 처음에는 100원짜리 카드를 훔쳤습니다. 처음 물건을 훔쳤던 금액은 100원 이었지만 얼마 지나지 않아 물건의 금액이 점점 커졌습니다. 그러다 결국 문방구 주인 아주머니께 들켰습니다. 그때 저는 제가 얼마나 큰 죄를 지었는지 깨달았고 큰 죄책감에 사로잡혔습니다. 매일 회개기도를 했고 수련회에 가서도 눈물, 콧물 다 흘리면서 기도했습니다. 그렇게 5년을 기도했습니다. 하나님께서 나를 용서하셨다는 확신이 없었기 때문입니다." (중3 여학생)

많은 학생이 수련회에 가면 눈물을 뚝뚝 흘리며 회개기도를 합니다. 죄를 고백하고 시원한 마음이 들면 죄를 용서받았다고 고백합니다. 용서받았으니 같은 죄를 짓지 않으리라는 다짐도 합니다. 그러나 일상으로 돌아와서 여전히 같은 죄를 반복하는 자신을 마주하게 됩니다. 그리고 용서받았다는 확신은 이내 사라지고 맙니다. 왜냐하면 느낌에 의존했기 때문입니다.

그래서 "지금 당장 죽어도 천국에 갈 수 있나요?"라는 질문을 받았을 때, 용서받았다는 확신이 없으니 "잘 모르겠어요." 혹은 "아니요."라고 대답하곤 합니다. 용서받았는지 알 수 있는 확실한 근거는 느낌이나 기분이 아니라 변하지 않는 하나님의 말씀입니다.

요한일서 1장 9절을 써 보세요.

⁹ 만일 우리가 우리 죄를 자백하면 그는 미쁘시고 의로우사 우리 죄를 사하시며 우리를 모든 불의에서 깨끗하게 하실 것이요

요한일서 1장 9절 말씀에 근거했을 때, 나의 죄는 용서받았나요?

마틴 루터의 죄에 대한 대적　　　종교개혁자 마틴 루터 Martin Luther의 일화입니다. 하루는 그가 몹시 지쳐서 침상에 누워 있었습니다. 그런데 마귀가 그를 공격하기 위해 아주 큰 두루마리 책을 루터 앞에 펼쳤습니다. 그 안에는 지금껏 자신이 지은 죄가 전부 기록되어 있었습니다. 루터는 그것을 본 순간 낙심했습니다.

그러나 루터는 마귀에게 이렇게 말했습니다. "그래! 마귀야! 네 말이 다 맞다. 그러나 네가 한 가지 잊은 것이 있군! 예수 그리스도의 피가 그 모든 죄를 전부 다 씻어주셨다는

사실을 빼놓았군!" 그러자 순식간에 마귀가 눈앞에서 사라졌습니다. 루터는 다시 새 힘을 얻었고 종교개혁을 이뤄냈습니다.

같은 죄를 계속 짓는 자신의 모습을 보면 하나님 앞에 죄송스럽고 염치없다는 생각이 듭니다. 심지어 회개조차 할 수 없다는 생각이 들기도 합니다. 그러나 하나님께서는 우리가 회개하면 몇 번이고 용서해 주신다는 사실을 명심해야 합니다.

 Q.4

마태복음 18장 21-22절을 써 보세요.
²¹ 그 때에 베드로가 나아와 이르되 주여 형제가 내게 죄를 범하면 몇 번이나 용서하여 주리이까 일곱 번까지 하오리이까 ²² 예수께서 이르시되 네게 이르노니 일곱 번뿐 아니라 일곱 번을 일흔 번까지라도 할 지니라

어느 날 베드로가 예수님께 형제를 몇 번이나 용서해야 하는지 물었습니다. 이 질문을 할 때 베드로는 일곱 번이면 많이 용서하는 것이라 생각했을 것입니다. 그러나 예수님께서는 "일곱 번뿐 아니라 일곱 번을 일흔 번까지라도 용서하라."라고 말씀하셨습니다. 회개하기만 한다면 490번이라도 용서하라는 것입니다. 이 말씀에는 우리도 그렇게 용서해 주시겠다는 약속이 담겨있습니다. 그리스도인으로서 살다가 혹시 실수하고 넘어진다고 할지라도 하나님은 언제나 우리를 용서해 주십니다.

어떤 학생은 하나님께서 언제나 용서해 주신다는 사실 때문에 "그러면 어차피 용서해 주실 테니까 죄짓고 또 회개하면 되지 뭐."라고 생각할 수 있습니다. 그러나 이것은 용서를 베풀어주시는 하나님의 마음을 전혀 모르는 것입니다. 죄를 지을 때마다 바를 정(正)을 그어 가며 회개해보면 용서를 베풀어주시는 예수님의 본심을 알 수 있습니다. 용서는 예수님의 사랑입니다.

"하나님, 잘못했습니다. 용서해 주세요."

"그래. 내가 너를 용서한다."

"하나님, 잘못했습니다. 용서해 주세요."

"그래. 내가 너를 용서한다."

"하나님, 잘못했습니다. 용서해 주세요"

"그래. 내가 너를 용서한다."

·········

이렇게 하다 보면 아마 100번도 안 돼서 죄를 짓고 용서해 달라고 반복하는 것이 괴롭고 싫어질 것입니다. 끊임없이 나를 용서해 주시는 예수님의 사랑이 믿어지게 됩니다. 예수님의 사랑 앞에서 죄짓는 것이 고통스럽고 싫어지면, 그때 죄를 이길 수 있게 됩니다. 예수님께서 완전한 용서를 베풀어주신 이유는 예수님의 용서에 담긴 사랑이 죄를 이길 수 있는 능력이 되기 때문입니다.

Q.5

내가 지은 죄가 하나님께 완전히 용서받았다는 확신이 있나요? 없다면 그 이유를 쓰고 나누어 보세요.

04

죄를 이기는 방법

핵심요약

1. 우리는 예수님이 눈으로 보이지 않기 때문에 그분이 같이 계심에도 불구하고 죄를 진짜 끊어내려고 노력하지 않습니다.
2. 그리스도인은 서로 죄를 드러내 고백하는 과정을 통해 죄에서 벗어나 죄를 이길 수 있습니다.
3. 다른 사람 앞에서 나의 죄를 고백하는 것은, 매우 고통스러운 일이지만 결국 나를 살리는 길입니다.

술에 중독된 사람이 있습니다. 알코올 중독은 치료되기 어렵습니다. 알코올 중독에서 빠져나오는 첫 번째 단계는 자신의 상태를 사람들 앞에서 인정하는 것입니다. "나는 알코올 중독자 ○○○입니다."라고 있는 그대로의 모습을 공개하고 고백하는 것이 치유의 첫걸음입니다. 자신의 상태를 숨기려 한다면 치유는 일어나지 않습니다.

마찬가지로 우리가 모든 불의에서 깨끗하게 되기 위해 가장 중요한 것은 예수님께 우리의 죄를 고백하는 것입니다. 이것이 곧 회개입니다. 그러나 그것만으로 해결되지 않는 부분이 있습니다.

 Q.1

예수님께 죄를 회개하면 그 죄를 다시는 짓지 않게 되나요? 회개하고도 반복해서 짓게 되는 죄가 있다면 무엇인가요?

지난 과를 통해 우리는 나의 죄를 예수님께 회개하는 것이 얼마나 중요한지 배웠습니다. 그러나 문제는 회개하고도 여전히 똑같은 죄를 반복해서 짓는다는 것입니다. 누구나 회개해도 계속해서 넘어지는 죄가 있습니다. 회개기도 내용을 보면 새로운 죄보다 매일 반복해서 짓는 죄에 대한 회개가 훨씬 많습니다. 우리는 왜 회개하고도 계속 넘어지는 걸까요?

만약 매주 사람들 앞에서 일주일 동안 자신이 지었던 죄를 고백해야 한다고 가정해 봅시다. 그 시간이 매우 창피하고 수치스러울 것입니다. 하지만 죄의 유혹이 너무 강해서 다시 똑같은 죄를 반복할 수도 있습니다. 다음 주에 또 사람들 앞에서 자신의 죄를 고백하면 처음보다 더 창피하고 수치스러울 것입니다. 이것이 두 번, 세 번, 계속 반복된다고 생각해 봅시다. 그때는 사람들 앞에서 고백하는 것이 창피를 넘어 고통스럽게 느껴질 것입니다. 죄의 유혹이 와도 사람들 앞에 고백할 것을 생각하면 죄를 짓고 싶어지지 않습니다.

그런데 왜 예수님께 죄를 고백하면 이런 일이 일어나지 않을까요? 예수님이 눈에 보이지 않는 분이기 때문입니다. 눈에 보이지 않기 때문에 회개는 하지만 정작 죄를 끊으려고 노력하지는 않습니다. 예수님이 보이는 사람처럼 믿어지면 우리는 죄를 끊어내는 회개를 하게 됩니다. 그러나 예수님이 함께 계신다는 것이 믿어지지 않는다면, 예수님 앞에서 고백하는 것처럼 사람들 앞에서 죄를 고백하는 것이 죄를 이기는 데 도움이 됩니다.

진정한 회개   《남자들의 은밀한 전쟁》이라는 책을 쓴 패트릭 민즈 ^{Patrick A. Means} 목사는 자신이 싸우고 있는 죄에 대해 다른 사람에게 고백하고 도움을 요청하고 있다면 진심으로 회개한 것이고, 말하려고 하지 않는다면 밤새도록 가슴을 치며 울고 금식해도 자신을 속이고 있는 것이라고 말했습니다.

Q.2

야고보서 5장 16절을 써 보세요.

¹⁶ 그러므로 너희 죄를 서로 고백하며 병이 낫기를 위하여 서로 기도하라 의인의 간구는 역사하는 힘이 큼이니라

초대교회 때는 하나님의 능력이 많이 나타났습니다. 하나님의 능력이 나타날 수 있었던 이유는 서로의 죄를 고백하고 함께 기도했기 때문입니다. 은밀한 죄와 싸우고 있는 사람이 죄를 이기는 방법은 자신의 죄를 다른 사람에게 고백하는 것입니다. 자신의 죄를 다른 사람에게 고백하는 것을 부정적으로 생각하는 사람도 있습니다. '하나님 앞에서만 죄를 고백하면 되지. 꼭 사람 앞에서 죄를 고백해야 하나?'라고 생각할 겁니다. 그러나 진심으로 하나님 앞에서 죄를 고백했다면 다른 사람 앞에서 죄를 고백하는 것은 문제가 되지 않습니다. 오히려 진정으로 죄를 이기기를 원하는 사람만이 자신의 죄를 다른 사람에게 고백할 수 있습니다.

죄를 이기는 고백 1　　　　한 학생이 제자훈련 시간에 음란한 죄를 이기지 못하겠다고 고백했습니다. 방에 TV가 있는데 밤새도록 음란한 채널을 본다는 것이었습니다. 음란한 생각과 행동에 사로잡혀 있다는 겁니다. 반에서 그 학생을 위해 함께 기도했습니다. 그 후 학생은 매주 일주일간의 삶을 나눌 때 음란함에 대해서 나누었습니다. 성공할 때도 있었고 실패할 때도 있었습니다. 어느 날에는 더 확실한 다짐을 해야겠다며 TV를 없앨 것이라고 했습니다. 그리고 TV를 없앤 사진을 찍어서 친구들에게 보여줬습니다. 죄와 싸우며 회개할 때 죄에서 승리하는 것을 경험한 것입니다.

죄를 이기는 고백 2　　　　한 학생은 제자훈련 시간에 친구들과 있을 때 습관적으로 물건을 훔친다고 고백했습니다. 학생이 친구들에게 고백을 하고 한 주가 지났습니다. 학생은 그 주에도 변함없이 물건을 훔치기 위해 친구들과 제과점에 갔

고, 분위기에 휩쓸려 빵을 집었습니다. 그런데 그 순간 제자훈련 시간에 나눠야 한다는 것이 생각났다고 합니다. 그제야 예수님이 생각난 것입니다. 그래서 도저히 물건을 훔칠 수가 없었다고 합니다. 결국 학생은 빵을 다시 자리에 두고 나왔습니다. 친구들이 왜 그러냐고 묻자 담대하게 "예수님 때문에 이젠 못 하겠어."라고 대답했다고 합니다. 친구들 앞에서 조금 부끄럽긴 했지만 마음은 기쁘고 감사했다고 했습니다.

다른 사람에게 죄를 고백하는 것에도 지혜가 필요합니다. 교회 안에서 나를 사랑하고 도와줄 수 있는 상대에게 자신의 죄를 고백해야 합니다. 영적으로 도와줄 수 있는 목사님, 전도사님, 선생님과 같은 영적 지도자에게 죄를 고백하는 것이 중요합니다. 그렇지 않으면 어려움을 겪을 수 있습니다.

다른 사람들 앞에서 나의 죄를 고백하는 것은 고통스러운 일입니다. 죽을 만큼 고통스럽고 어렵습니다. 하지만 이것이 우리가 사는 길입니다. 회개는 우리가 죄와 세상을 이기는 가장 큰 무기입니다. 회개는 계속적으로 주님을 만나게 하고, 죄를 이기게 하는 능력이 있습니다. 이것을 알면 죄를 고백할 수 있고 회개할 수 있습니다.

고린도전서 15장 57절을 써 보세요.
[57] 우리 주 예수 그리스도로 말미암아 우리에게 승리를 주시는 하나님께 감사하노니

나에게 여전히 끊어지지 않는 죄는 무엇인지 기도하며 솔직하게 쓰고 나누어 보세요.

05

버림받지 않는다.
다만 매맞을 뿐이다.

핵심요약

1. 우리가 죄를 지어도 하나님은 우리를 정죄하시거나 버리시지 않습니다.
2. 죄와 기쁨, 감사, 평화는 함께 공존할 수 없습니다. 죄로 인해 마음이 괴롭다는 것은 우리가 하나님의 자녀라는 증거입니다.
3. 하나님은 죄에 대해 엄히 징계하십니다. 하나님이 우리를 징계하시는 이유는 우리가 하나님의 자녀이고, 하나님은 자녀인 우리를 사랑하시기 때문입니다.

하나님의 용서는 완전한 것입니다. 완전하다는 말은 모자라거나 흠이 없다는 말입니다. 그러나 반드시 알아야 할 것은, 하나님은 죄를 용서하시는 분이지만 용납하시는 분은 아니라는 것입니다. 하나님은 죄를 싫어하십니다. 하나님은 죄를 그냥 두시지 않습니다.

그리스도인이 죄를 지으면 마귀는 그리스도인을 공격합니다. "너 똑같은 죄를 지난주에도 지었지? 회개한 지 며칠이나 되었다고 또 죄를 지어? 넌 가짜야. 하나님도 널 포기했어. 넌 구원받은 것도 아니고 하나님 자녀도 아니야." 마귀가 우리 마음에 속삭입니다. 그러나 마귀가 주는 생각은 거짓입니다. 하나님으로부터 우리를 떼어내려는 것입니다.

마귀의 정죄　　　한 학생이 수련회 때 큰 은혜를 받았습니다. 그동안 지었던 모든 죄를 회개했고 하나님의 방법으로 세상을 살아보기로 결단했습니다. 주일성수도 열심히 하고 교회 봉사도 시작했습니다. 학생은 기쁜 마음으로 신앙생활과 봉사를 했습니다. 그런데 그 학생에게 유혹이 찾아왔습니다. 집에 홀로 있을 때, 음란한 동영상을 보고 싶다는 생각이 들었습니다. 학생은 끝내 그 유혹을 이기지 못하고 음란물을 봤습니다. 영상을 보는 중에도 하나님의 마음을 슬프게 하는 일이라는 것을 알았지만 끊기가 어려웠습니다. 다음 날 밤에도 똑같은 일을 반복했고 결국 학생은 주일예배에 나가지 않았습니다. 마귀는 계속해서 "네가 이런 것을 교회에서 알까? 죄에 무너지면서 열심히 신앙생활하는 게 무슨 소용이 있어?"라고 비난했습니다. 결국 마귀의 계획대로 학생의 마음은 무너졌습니다. 학생은 그 이후에도 오랜 기간 신앙적인 방황을 했습니다.

 Q.1

로마서 8장 1절에서 그리스도인에게는 무엇이 없다고 했나요?

정죄함

¹ 그러므로 이제 그리스도 예수 안에 있는 자에게는 결코 정죄함이 없나니

 Q.2

요한계시록 3장 19절에서 그리스도인은 무엇을 받는다고 했나요?

책망과 징계

¹⁹ 무릇 내가 사랑하는 자를 책망하여 징계하노니 그러므로 네가 열심을 내라 회개하라

 Q.3

정죄와 징계는 어떤 차이가 있나요?

우리는 정죄와 징계의 차이를 알아야 합니다. 정죄는 '죄인으로 낙인찍는다.'라는 의미입니다. 로마서 8장 1절에 '그리스도 예수 안에 있는 자에게는 결코 정죄함이 없다.'라는 말씀은 구원받은 그리스도인은 죄를 지어도 구원이 박탈되지 않는다는 뜻입니다. 죄를 지어도 여전히 하나님의 자녀라는 것입니다. 그러면 죄를 지어도 천국에 갈 수 있으니 이제 마음대로 살아도 될까요? 그렇지 않습니다. 왜냐하면 징계가 있기 때문입니다.

하나님은 하나님의 자녀가 죄를 지을 때 그냥 두시지 않습니다. 하나님은 죄 위에 은

혜나 부흥과 같은 선한 것을 주시지 않습니다. 죄와 허물이 있으면 은혜와 축복을 누리지 못하고 기쁨도 사라집니다. 기도의 문도 막히며 감사도 사라집니다. 마음의 평화가 사라져 모든 힘을 빼앗긴 무능한 그리스도인이 되고 맙니다.

Q. 4

죄를 지어서 마음이 괴롭고, 하는 일도 잘 안되고, 하나님께 혼나고 있다고 생각해 본 적이 있나요? 있다면 언제였나요?

죄를 지으면 어려운 일에 부딪히기도 합니다. 마음이 괴롭고 '내가 죄를 지어서 하나님이 매를 드셨구나'라는 생각이 든다면 이것은 축복입니다. 요한계시록 3장 19절에 하나님이 누구를 책망하고 징계하신다고 나오나요? '하나님은 사랑하는 자를 책망하고 징계하신다'라고 나옵니다. 죄로 인한 괴로움이 있다는 것은 우리가 하나님의 자녀라는 증거입니다. 만약 죄를 짓고 회개하지 않았는데도 기쁘고 공부도 잘 된다면 그것은 축복이 아니라 무서운 일입니다. 왜냐하면 하나님의 자녀가 아니라는 뜻이기 때문입니다.

우리의 부모님을 생각해 봅시다. 만약 어린 자녀가 친구의 학용품을 몰래 가져왔다면 부모님은 자녀에게 뭐라고 할까요? '너는 도둑질을 했으니까 내 자녀가 아니야. 자격이 없어. 호적에서 팔 거야.' 그럴까요? 아닙니다. 자녀가 도둑질한 것은 죄이지만 자녀의 신분은 변함이 없습니다. 대신에 부모는 벌을 주어 잘못된 행동임을 깨닫게 하고 다시는 같은 행동을 반복하지 않도록 할 것입니다. 왜냐하면 자녀를 사랑하기 때문입니다. 이것이 징계입니다. 만약 다른 집 아이가 똑같이 나쁜 행동을 했다면 어떻게 할까요? 크게 신경 쓰지 않을 것입니다. 왜냐하면 내 자녀가 아니기 때문입니다.

그리스도인의 증거

어느 날 유명한 부흥사인 무디 D.L. Moody에게 한 교인이 찾아와서 이렇게 말했습니다. "제가 아무리 범죄해도 하나님은 아무런 반응이 없으세요. 하나님은 계시지 않는 게 분명해요." 이 이야기를 들은 무디는 교인을 지그시 바라보면서 이렇게 말했습니다.

"부인! 부인은 지금 스스로 그리스도인이 아니라는 사실을 증명하고 있습니다."

"왜죠? 제가 교회를 얼마나 오래 출석했는데요."

부인이 반문하자 무디는 다시 이렇게 말합니다.

"당신이 진짜 그리스도인이라면 하나님은 부인을 그냥 두시지 않으셨을 겁니다."

하나님은 자녀 된 우리를 정죄하시지 않습니다. 버리시지 않습니다. 그러나 죄에 대해서는 엄하게 징계하십니다. 이것이 자녀를 사랑하시는 하나님의 방법입니다. 그러니 하나님께서 징계하실 때는 회개하고 하나님께로 다시 돌아오면 됩니다.

Q.5

지금 하나님께서 나에게 회개해야 한다고 말씀하시는 것을 쓰고 나누어 보세요.

CHAPTER 2 놀라운 하나님의 사랑

소그룹 나눔

2단원 안내

우리를 구원하는 유일한 길은 예수 그리스도입니다. 그래서 우리는 죄를 고백하기만 하면 용서받습니다. 이 용서는 우리가 회개할 때마다 받습니다. 그렇기에 우리는 회개를 통해 죄에서 완전히 자유로워질 수 있습니다.

마음 열기
(7분)

1. 지난 한 주를 어떻게 보냈나요? 돌아가면서 반원들과 나누어 보세요.

⇨ 재밌었던 일, 혹은 힘들었던 일 등 가벼운 일상에 대한 질문에 돌아가며 대답하고 자연스럽게 자신의 삶을 나누도록 유도합니다.

2. 시작기도를 하고 본격적인 소그룹 나눔을 시작합니다.

⇨ 매주 학생들이 돌아가면서 시작기도를 할 수 있도록 합니다.

1. 지난 단원을 복습해 봅시다.

⇨ 인도자가 학생들에게 질문하고 학생들이 대답함으로 지난 단원의 내용을 상기시켜 줍니다.

a. 십자가의 첫 번째 능력은? ⇨ 죄를 깨닫게 됨

b. 우리의 본성에 있는 것은? ⇨ 죄

c. 상황과 환경만 맞으면 내가 지을 수 있는 것은? ⇨ 죄

d. 죄의 결과는? ⇨ 죽음

2. 지난주 출석과 예습, 암송, 예수동행일기, 기도, 말씀묵상을 충실히 했는지 같이 점검해 봅니다.

3. 성경 암송 과제를 함께 암송합니다. 암송 구절: 요한복음 5장 24절

⇨ 내가 진실로 진실로 너희에게 이르노니 내 말을 듣고 또 나 보내신 이를 믿는 자는 영생을 얻었고 심판에 이르지 아니하나니 사망에서 생명으로 옮겼느니라

나 눔 (80분)

01 구원의 길, 예수 그리스도 (P.52)

Q. 예수님이 나의 죄 때문에 십자가에서 죽으셨고, 그로 인해 나의 모든 죄가 용서받았다는 것을 믿나요? 언제, 어떻게 그 일이 처음 믿어졌는지 쓰고 나누어 보세요.

핵심요약

1. 우리가 구원받을 수 있는 유일한 길은 예수 그리스도입니다.
2. 죄 없는 예수님께서 십자가에서 죽으심으로 우리의 죗값을 대신 치르셨습니다. 예수님으로 인해 우리는 모든 죄를 용서받았고 구원을 얻었습니다.
3. 다른 종교들이 말하는 것처럼 선한 행위로 천국에 가는 것이 아니라, 우리는 예수님을 통한 용서를 알고 받아들이는 믿음으로 천국에 갑니다.

02 회개하면 용서받는다 (P.57)

Q. 죄를 짓고도 회개하지 않고 넘어갔던 적이 있었나요? 있다면 그 이유를 쓰고 나누어 보세요.

핵심요약

1. 죄의 문제는 숨기거나 드러나지 않는다고 해결되지 않습니다.
2. 그리스도인은 예수님 앞에서 죄를 고백하는 회개를 통해 죄와 싸워야 합니다.
3. 회개하면 하나님은 반드시 우리를 용서해 주십니다.

03 하나님의 완전한 사랑 (P.61)

Q. 내가 지은 죄에 대해서 하나님께 완전히 용서받았다는 확신이 있나요? 없다면 그 이유를 쓰고 나누어 보세요.

핵심요약

1. 우리가 정말 용서받았는지는 느낌이 아니라 하나님의 말씀을 통해 알 수 있습니다.
2. 같은 죄를 반복해서 지어도 하나님은 회개할 때마다 용서해 주십니다.
3. 계속해서 회개하면 죄를 짓는 것이 오히려 괴롭게 느껴집니다. 우리는 예수님의 사랑으로 죄를 이길 수 있습니다.

04 죄를 이기는 방법 (P.65)

Q. 나에게 여전히 끊어지지 않는 죄는 무엇인지 기도하며 솔직하게 쓰고 나누어 보세요.

핵심요약

1. 우리는 예수님이 눈으로 보이지 않기 때문에 그분이 같이 계심에도 불구하고 죄를 진짜 끊어내려고 노력하지 않습니다.
2. 그리스도인은 서로 죄를 드러내 고백하는 과정을 통해 죄에서 벗어나 죄를 이길 수 있습니다.
3. 다른 사람 앞에서 나의 죄를 고백하는 것은, 매우 고통스러운 일이지만 결국 나를 살리는 길입니다.

05 버림받지 않는다. 다만 매맞을 뿐이다. (P.69)

Q. 지금 하나님께서 나에게 회개해야 한다고 말씀하시는 것을 쓰고 나누어 보세요.

핵심요약

1. 우리가 죄를 지어도 하나님은 우리를 정죄하시거나 버리시지 않습니다.
2. 죄와 기쁨, 감사, 평화는 함께 공존할 수 없습니다. 죄로 인해 마음이 괴롭다는 것은 우리가 하나님의 자녀라는 증거입니다.
3. 하나님은 죄에 대해 엄히 징계하십니다. 하나님이 우리를 징계하시는 이유는 우리가 하나님의 자녀이고, 하나님은 자녀인 우리를 사랑하시기 때문입니다.

마무리
(10분)

⇨ 먼저 단원의 내용을 간단히 정리합니다.

1. 친구들에게 자신의 기도제목을 나눕니다. 자신과 다른 친구들의 기도제목을 이곳에 적어봅시다.

⇨ 개인 기도제목을 돌아가면서 나누고 인도자가 단원 주제에 맞는 기도제목을 제시하고 함께 기도합니다. 마지막으로 인도자가 마무리 기도하고 주기도문으로 마칩니다.

2. 다음 주 성경 암송 구절: 요한복음 15장 4절

내 안에 거하라 나도 너희 안에 거하리라 가지가 포도나무에 붙어 있지 아니하면 스스로 열매를 맺을 수 없음 같이 너희도 내 안에 있지 아니하면 그러하리라

⇨ 다음 단원을 짧게 소개합니다. 다음 주 성경 암송 구절을 같이 읽어본 후, 꼭 외워올 수 있도록 독려합니다.

내 안에 거하라
나도 너희 안에 거하리라
가지가 포도나무에 붙어 있지 아니하면
스스로 열매를 맺을 수 없음 같이
너희도 내 안에 있지 아니하면 그러하리라

요한복음 15장 4절

내 안에 계신 예수 그리스도

01

구원의 확신

핵심요약

1. 우리에게는 오늘 당장 죽어도 천국에 갈 수 있다는 확신이 있어야 합니다.
2. 우리 눈에 증거가 보이지 않으면 확신하지 못하는 사람이 많습니다. 그리스도인은 이 땅에서도 천국에 대한 믿음을 갖고 사는 존재입니다.
3. 우리 안에 예수 그리스도가 계신 것은 우리가 구원받았다는 확실한 증거입니다.

구원의 확신   한 목사님이 청소년들과 단기선교를 간 적이 있습니다. 목사님 옆에 탄 학생은 유독 신나보였습니다. 한창 천국의 확신에 대해 설교했던 터라 목사님은 학생에게 이렇게 물었습니다.

"비행기 처음 타보니?"

"네, 처음이에요."

"비행기 타보니 느낌이 어떠니?"

"처음에는 무서웠는데 비행기가 뜨고 나니까 너무 신기하고 멋있어요."

"그렇지? 그런데 얘야. 이 비행기가 지금은 하늘을 잘 날고 있지만, 무사히 땅에 내린다는 보장은 없을 수 있단다. 만약에 오늘 이 비행기가 땅에 추락한다면 너는 천국에 갈 수 있다고 생각하니?"

학생은 고개를 저었습니다.

청소년들에게 오늘 죽어도 천국에 갈 수 있냐고 물어보면 대부분 '잘 모르겠다.'라고 대답합니다. 어떤 학생은 천국에 못 갈 것 같다고 말합니다. '저는 분명히 천국에 갈 수 있습니다.'라고 대답하는 청소년을 만나기는 쉽지 않습니다.

Q.1

나는 지금 죽어도 천국에 갈 수 있나요? 그렇게 생각하는 이유를 써 보세요.

우리가 예수님을 믿는다는 것은, 이 땅에서 천국에 갈 수 있는 확신을 가졌다는 말과 같습니다. 예수님께서 우리의 모든 죄를 용서해 주셨다고 믿는다면, 당연히 우리는 천국에 갈 수 있는 사람입니다. 다른 종교들은 사람이 천국에 갈지 지옥에 갈지는 죽고나서 아는 일이라고 가르칩니다. 이 땅에서는 알 수 없다는 겁니다. 그러나 성경은 다릅니다. 그리스도인은 이 땅에 살면서도 천국에 갈 수 있다는 확신을 가지고 삽니다.

Q.2

빌립보서 3장 20절을 써 보세요.
[20] 그러나 우리의 시민권은 하늘에 있는지라 거기로부터 구원하는 자 곧 주 예수 그리스도를 기다리노니

그런데 우리는 왜 천국에 갈 수 있다는 확신이 없을까요? 증거가 없기 때문입니다. 예수님을 영접했다는 말은 예수님이 우리를 구원하신 구원자로 받아들였다는 것입니다. 예수님을 영접한 사람은 하나님의 자녀가 되고, 하나님의 자녀는 천국에 갈 수 있습니다. 그런데 문제는 예수님을 영접한 나를 보면 아무것도 달라진 것이 없어 보입니다. 여전히 죄도 있고 악한 마음도 있는 것 같습니다. 내가 천사처럼 변화된 것이 아닙니다. 성경은 우

리가 하나님의 자녀가 되었다고 말하지만 잘 믿어지지 않습니다. 그래서 구원에는 반드시 증거가 있습니다. 예수님을 믿으면 반드시 달라지는 것이 있습니다. 그것은 무엇일까요?

 Q.3

고린도후서 13장 5절을 써 보세요.
5 너희는 믿음 안에 있는가 너희 자신을 시험하고 너희 자신을 확증하라 예수 그리스도께서 너희 안에 계신 줄을 너희가 스스로 알지 못하느냐 그렇지 않으면 너희는 버림 받은 자니라

고린도후서 13장 5절은 우리가 믿음이 있는 사람인지, 구원받은 사람인지, 천국에 갈 수 있는 사람인지 우리 자신을 시험해 보고, 증명해 보라고 말합니다. 그렇다면 어떻게 시험하고 증명할 수 있을까요? 성경을 보면 예수님이 우리 안에 계신 것을 우리가 알지 못한다면, 우리는 구원받은 사람이 아니라고 말합니다. 그러니 예수님이 우리 안에 계신 것을 아는 것이 구원의 증거가 됩니다.

우리 안에 예수님이 계시면, 그것이 바로 구원의 증거라는 말입니다. 우리가 예수님을 믿으면 당장 무언가 달라지고, 내가 완전히 새사람이 된 것 같지는 않을 수 있습니다. 그러나 분명히 달라지는 것이 있습니다. 예수님이 우리 마음에 오셨다는 것입니다. 그것이 놀라운 변화이자 구원의 증거입니다.

죄인임을 깨닫는 변화 "저는 수련회에 오기 전까지 제가 왜 죄인인지를 모르고 지냈습니다. 그러나 수련회에서 말씀을 들으면서 저의 큰 착각이 깨달아졌습니다. 제가 죄를 쉽게 생각한 것입니다. 내가 지은 죄는 큰 죄도 아니고 마음만 먹으면 언제든지 죄를 끊어낼 수 있다고 생각했었습니다.

그러나 말씀을 들으니 제가 누군가를 비난할 수 없는 존재라는 사실이 깨달아졌습니다. 다른 누군가가 아닌 예수님은 저같은 죄인을 위해서 이 땅에 오셨습니다. 저는 지옥에 갈 수밖에 없는 존재였지만 예수님 덕분에 천국에 갈 수 있게 되었다는 사실에 감격해 눈물까

지 나고 말았습니다. 말씀을 통해 저도 천국에 갈 수 있는 증거가 생겼다고 생각했습니다.

정말 감사드립니다.” (중2 남학생)

> **Q.4**
>
> 예수님은 내 안에 오셨나요? 그렇게 생각하는 이유를 쓰고 나누어 보세요.

02

내 안에 오신 예수님

핵심요약

1. 혼자인 것처럼 느낄 때도 예수님은 우리와 함께하신다는 것을 기억해야 합니다. 예수님께서는 우리를 고아와 같이 버려두지 않으시겠다고 약속하셨습니다.
2. 우리 안에 찾아오신 예수님을 '성령님'이라고 합니다. 그분은 곧 '내 안에 오신 예수님'입니다.
3. 내 안에 오신 예수님은 내 마음의 상태가 어떻든지 결코 나를 떠나지 않습니다.

나와 함께 하시는 주님

"예배시간에 회개하는 기도를 드렸습니다. 그동안 많은 죄를 지은 것에 대해 회개하는 시간을 가졌는데 저도 모르게 너무 죄송한 마음이 들어 눈물을 흘렸습니다. 저는 외로운 마음이 들 때면 누군가 내 옆에 있으면 좋겠다고 생각했습니다. 정말 괴롭고 힘들 때 '주님이 나 좀 위로해주지.' 하는 마음이 들었던 때가 있었습니다. 그러나 하나님은 늘 제 곁에 계셨다고 말씀하셨습니다. 하나님의 마음을 깨닫고 어찌나 눈물이 쏟아졌는지 모릅니다. 하나님은 저를 살게 하셨습니다. 제가 어렵고 힘들 때 혼자가 아니었기 때문에 지금까지 제가 살 수 있었습니다. 주님이 항상 제 곁에 계셨기에 이겨낼 수 있었다는 생각이 들었습니다." (고3 학생 간증)

인생을 살아가면서 혼자라고 느껴질 때가 있습니다. 학교에서 내 주위에는 단 한 명의 친구도 없을 때, 다른 친구의 말에는 모든 친구가 반응하지만 내가 하는 말에는 아무도 반응하지 않을 때, 부모님이 늘 동생 편만 들어 주실 때, 심지어는 교회에서도 혼자라고 느껴질 때가 있습니다. 이런 외로움을 느끼는 학생들은 정말로 혼자인 걸까요? 성경은 그렇지 않다고 말합니다.

Q.1

요한복음 14장 18절을 써 보세요.

¹⁸ 내가 너희를 고아와 같이 버려두지 아니하고 너희에게로 오리라

예수님께서는 우리를 고아와 같이 버려두지 않으시고 우리에게 오시겠다고 약속하셨습니다. 예수님은 이천 년 전에 사람의 몸으로 이 땅에 오셨습니다. 그리고 십자가에서 죽으시고 부활하셔서 다시 하늘로 올라가셨습니다. 그러나 예수님은 제자들을 떠나신 것이 아닙니다. 요한복음 16장 7절에 보면 예수님께서 자신은 떠나지만 보혜사(성령님)가 오실 것이라고 약속하십니다. 그리고 예수님은 오순절 마가의 다락방에 모여 있었던 제자들에게 다시 찾아오셨습니다. 이때는 예수님께서 사람의 몸으로 오신 것이 아니라, 영으로 예수님을 믿는 사람들의 마음속에 찾아오셨습니다. 우리는 마음에 찾아오신 예수님을 '성령님'이라고 합니다. 그러니 성령은 '내 안에 계신 예수님'을 말합니다. 이것은 우리에게 놀라운 축복입니다. 우리는 예수님을 모시고 사는 사람이 된 것입니다.

왕이신 예수님은 낮고 천한 이 땅에 오셨습니다. 인간의 몸으로 작고 더러운 마구간에서 태어나셨습니다. 이 사실만으로도 놀라운 일입니다. 그런데 이보다 더 놀라운 일은 예수님이 마구간보다 더 더러운 나의 마음에 오셨다는 것입니다.

Q.2

예레미야 17장 9절을 써 보세요.

⁹ 만물보다 거짓되고 심히 부패한 것은 마음이라 누가 능히 이를 알리요마는

성경은 이 세상에서 가장 더러운 것이 사람의 마음이라고 말합니다. 그러나 우리는 예수님이 내 마음 안에 계셔서 나와 함께하신다는 사실을 깨닫지 못할 때가 있습니다. 삶이 잘 풀리거나 마음에 기쁨이 있으면 예수님이 내 안에 계신 것 같이 느껴집니다. 반면에 조금만 힘들어지면 예수님이 내 안에 계시지 않는 것처럼 느껴집니다. 그러나 우리 안에 오신 예수님은 상황이 어떠하든 결코 나를 떠나시지 않습니다.

구약 성경에 나오는 요셉은 형제들의 시기와 질투 때문에 고국이 아닌 이집트 땅에 노예로 팔려 갑니다. 그리고 노예 생활 중에는 성추행범으로 오해받고 감옥에 갇힙니다. 꼬일 대로 꼬인 인생이었습니다. 그러나 요셉은 좌절하거나 낙심하지 않았습니다. 요셉에게는 어떤 힘이 있었을까요?

Q.3

창세기 39장 23절을 써 보세요.

²³ 간수장은 그의 손에 맡긴 것을 무엇이든지 살펴보지 아니하였으니 이는 여호와께서 요셉과 함께 하심이라 여호와께서 그를 범사에 형통하게 하셨더라

요셉은 하나님이 그와 함께하시는 것을 분명하게 믿고 경험했습니다. 요셉의 하나님과 우리의 하나님은 동일한 분입니다. 요셉과 함께하셨던 것처럼 우리와도 함께하고 계십니다. 우리는 결코 혼자가 아닙니다.

리빙스턴의 고백   데이비드 리빙스턴 David Livingstone은 선교사가 되기로 결심하고 아프리카 밀림의 한복판으로 뛰어들었습니다. 그는 짐승에게 물리기도 했고 원주인들의 습격을 받기도 했지만, 그 모든 어려움을 이겨냈습니다. 현지인들의 언어를 배워 16,000km 이상을 다니며 복음을 전했습니다. 복음을 전하면서 위험한 일도 많았습니다. 그러나 그는 그럴 때마다 주님의 말씀을 기억했습니다.

"내가 세상 끝날까지 너희와 항상 함께 있으리라" (마태복음 28장 20절)

리빙스턴은 "예수님께서 세상 끝날까지 나와 함께 있으시겠다고 약속하셨으니까" 하고 예수님의 함께 계심을 분명히 믿었습니다. 믿음을 가지고 예수님을 의지했습니다. 그렇기 때문에 위험한 일을 당해도 두려워하지 않고 온전히 복음을 전할 수 있었습니다.

이미 함께하시는 주님 "수련회 첫날부터 다른 친구들은 많은 은혜를 받은 것 같았습니다. 은혜받는 것에 관심도 없어 보였던 친구들조차도 은혜받고 뜨겁게 예배드리는 모습이 보였습니다. 참석한 학생 중에 나만 은혜받지 못했다는 생각이 들었습니다. 어려운 마음에 전도사님을 찾아가 고민을 털어놨습니다. '전도사님, 다른 친구들은 다 은혜를 받는데 저만 은혜받지 못했어요. 오늘이 마지막 날인데 오늘도 은혜를 받지 못하면…' 하고 말하는 순간 그만 울음이 터지고 말았습니다. 전도사님은 울고 있는 제게 '은혜받지 못했다고 울면서 이야기할 정도면 이미 성령님께서 너의 마음 안에 역사하고 계시네. 은혜받고자 하는 간절한 마음을 예수님께서 이미 주셨단다.'라고 하셨습니다. 저는 그 이야기를 듣는 순간 이미 내 안에 예수님이 계시고, 은혜 주시기를 원하신다는 것이 믿어졌습니다." (중3 학생 간증)

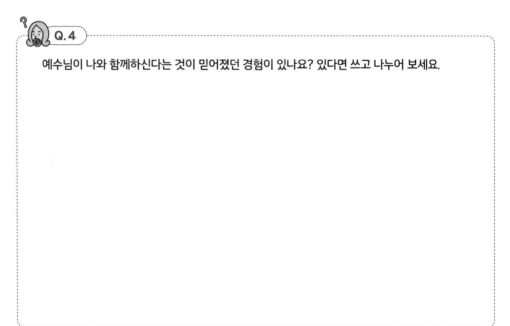

Q.4

예수님이 나와 함께하신다는 것이 믿어졌던 경험이 있나요? 있다면 쓰고 나누어 보세요.

03

성령님이 내 안에 계신 증거 ①

핵심요약

1. 예수님을 "주님"이라고 고백하는 것은 우리 안에 성령님이 계셔야만 가능한 일입니다.
2. 하나님을 "아버지"라고 고백하는 것은 우리 안에 계신 예수님을 통해서만 가능한 일입니다.
3. 예배를 드리거나 일상생활에서 은혜를 경험하는 것은 예수님이 우리 안에 계시기 때문에 가능한 것입니다.

학생들에게 성령님이 어디에 계신지 물어보면 마음속에 있다고 대답합니다. 그러나 마음속에 계신 증거를 말해보라고 하면 대답을 못 합니다. 몇몇 학생은 느낌이나 감정으로 설명하려고 애쓰기도 합니다. 예배 중에 마음이 뜨거워진 경험이나 눈물이 났던 경험을 이야기합니다. 맞습니다. 그러나 문제는 이런 경험이 항상 있는 것은 아닙니다. 감정과 느낌만으로는 예수님이 내 안에 계시지 않는다고 느껴지는 시간이 더 많습니다.

주님을 만났다는 증거

"엄마가 이번 수련회 때는 예수님을 꼭 만나고 오라고 하셨습니다. 저도 꼭 예수님을 만날 각오를 하고 수련회에 참석했습니다. 강사님의 말씀을 들으면서 저는 미워하던 친구를 용서하고 회개했습니다. 그리고 기도시간이 되었습니다. 옆에 친구들은 방언도 하고 눈물도 흘리는데 저는 방언도 받지 못하고 눈물도 나지 않았습니다. 결국 예수님을 만나지 못한 것 같습니다. 무척 아쉬웠지만 다음 수련회 때에는 예수님을 꼭 만나고 싶습니다." (고1 여학생)

이 학생의 마음에는 성령님이 계시지 않는 것일까요? 아닙니다. 성령님이 계시지 않았다면 용서의 마음도, 회개의 마음도 들지 않았을 것입니다. 이 학생은 예수님을 마음에 모시고 있지만 느낌이나 감정이 없었을 뿐입니다. 성령님이 내 안에 계신지는 느낌이나 감정으로 설명할 수 없습니다. 말씀을 통해서 확인해야 합니다. 말씀에 근거해서 마음속에 성령님이 계신 사람들의 모습과 나의 모습을 비교해 봐야 합니다.

성령님이 마음속에 계신 증거는 무엇일까요?

1. 예수님을 "주님"이라고 고백한다

Q.1

고린도전서 12장 3절을 써 보세요.

³ 그러므로 내가 너희에게 알리노니 하나님의 영으로 말하는 자는 누구든지 예수를 저주할 자라 하지 아니하고 또 성령으로 아니하고는 누구든지 예수를 주시라 할 수 없느니라

우리는 예수님을 "주님"이라고 말하는 것을 이상하게 여기지 않습니다. 교회를 다니면 누구나 다 할 수 있는 말이라고 생각합니다. 일반적으로 그렇게 불러왔기 때문에 특별한 것으로 생각하지 않습니다. 그러나 예수님을 "주님"이라고 부르는 것은 놀라운 일입니다.

Q.2

교회에 다니지 않는 친구 한 명을 떠올려 보세요. 그 친구에게 예수님이 누구신지 물어 보세요. 그 친구는 예수님을 뭐라고 불렀나요?

예수님을 믿지 않는 사람들에게 예수님이 어떤 분인지 물어보면 예수님을 "주님"이라고 대답하는 사람은 없습니다. '기독교 창시자' 혹은 '4대 성인 중 한 명'이라고 답할 것입니다. 그러나 우리는 예수님을 "주님"이라고 부릅니다. 정확하게는 예수님을 나의 주인으로 고백하는 것입니다. 그동안 "주님"이라고 고백했던 것이 별것 아니라고 생각했겠지만, 사실 매우 놀라운 일입니다. 성령님이 내 안에 계셔야만 가능한 고백이기 때문입니다.

Q.3

나는 예수님을 누구라고 고백하나요? 예수님을 고백하는 모든 표현을 써 보세요.

2. 하나님을 "아버지"라고 부른다

Q.4

로마서 8장 15-16절을 써 보세요.
15 너희는 다시 무서워하는 종의 영을 받지 아니하고 양자의 영을 받았으므로 우리가 아빠 아버지라고 부르짖느니라 16 성령이 친히 우리의 영과 더불어 우리가 하나님의 자녀인 것을 증언하시나니

예수님은 기도 중에 하나님을 "아버지"라고 부르셨습니다. 예수님께서 하나님을 "아버지"라고 부르는 것은 당연한 일입니다. 하지만 우리에게는 당연한 일이 아닙니다. 우리

는 하나님을 아버지라고 부를 수 없는 존재입니다. 그러나 우리가 하나님을 "아버지"라고 부를 수 있는 이유는 내 안에 하나님의 아들이신 예수님이 계시기 때문입니다. 예수님을 통해 하나님과 나의 관계가 아버지와 자녀의 관계로 바뀌게 되었습니다. 이것은 내 안에 오신 예수님으로만 가능한 일입니다. 그리스도인이 아닌 사람이 하나님의 존재를 인정하더라도 "Oh, my God"이나 "오, 신이시여!"라고 할 수는 있지만, 하나님을 "아버지"라고 부르지 못합니다. 그들에게는 성령님이 계시지 않기 때문에 하나님을 아버지라 부를 수 없습니다.

Q.5

나는 하나님을 "아버지"라고 자연스럽게 부르나요? 언제부터 그렇게 부르게 되었나요?

3. 하나님께서 주시는 은혜를 깨닫는다

Q.6

고린도전서 2장 12절을 써 보세요.
¹² 우리가 세상의 영을 받지 아니하고 오직 하나님으로부터 온 영을 받았으니 이는 우리로 하여금 하나님께서 우리에게 은혜로 주신 것들을 알게 하려 하심이라

예배, 기도, 찬양 등의 시간에 감동을 경험한 적이 있나요? 해당되는 곳에 체크해 보세요.

- 예배당에 들어왔더니 마음이 편안해졌다. (   )
- 설교시간에 내 이야기를 하는 것 같아서 공감되고 위로받았다. (   )
- 설교를 듣고 말씀대로 살아보고 싶은 생각이 들었다. (   )
- 찬양의 가사가 마음에 와닿았다. (   )
- 찬양하다가 나도 모르게 눈물이 났다. (   )
- 기도하는데 마음이 따뜻해졌다. (   )
- 성경 말씀이 나에게 힘이 되었다. (   )

우리 안에 성령님이 계시지 않으면 절대로 위와 같은 일을 경험할 수 없습니다. 성령님이 우리에게 은혜를 느끼게 해주시는 것입니다. 은혜를 느낀다는 것은 예배를 드리거나 찬양을 부를 때에 내 마음이 감동되어 뜨거워지는 것을 말합니다. 버스를 탔는데 교회에서 듣던 찬양이 라디오에서 흘러나왔다고 가정해 봅시다. 마음에 성령님이 계신 사람은 찬양이 반갑기도 하고 큰 힘이 되어 하루가 행복할 겁니다. 그러나 마음에 성령님이 없는 사람은 왜 공공장소에서 종교음악이 흘러나오냐며 짜증낼 수도 있습니다. 마음에 예수님을 모신 사람만이 하나님께서 주시는 은혜를 알게 됩니다.

깨닫는 은혜 1

"저는 7살부터 가족들과 많은 나라를 돌아다녔고 현재는 케냐에 살고 있습니다. 저는 나라를 옮길 때마다 여러 가지 어려움을 겪었습니다. 새로운 학교에 다닐 때마다 새로운 친구들을 사귀어야 했고, 새로운 언어와 과목을 배워야 했습니다. 힘들고 고통스러운 시간을 많이 겪었습니다. 가장 큰 두려움은 '내가 원하는 대로 안 되면 어쩌지?' 하는 것이었습니다.

올 초에 함께 지내던 부모님이 한국으로 돌아가셨습니다. 홀로 하숙집에 살다 보니 외로움이 찾아왔습니다. 또한 여러 시험과 대학 입시 준비로 인한 스트레스가 저를 짓눌렀습니다. 그러던 중에 여름방학에 잠시 한국을 방문했고 수련회에 참석하게 되었습니다. 그런데 저녁 집회 때 목사님의 말씀을 듣고 기도하면서 모든 걱정과 두려움이 사라지는 것을 경험했습니다. 하나님이 저에게 '왜 네가 하지도 않아도 될 걱정을 하고 있느냐? 나는 너와 항상 함께 있었단다.'라고 말씀하셨습니다. 너무 감사하고 감격스러웠습니다. 눈물이 주체할 수 없이 흘렀습니다. 그동안 나를 묶었던 모든 걱정과 두려움이 내려놓아졌습니다. 저는 주님만 더 바라보기로 결심했습니다. 수련회가 끝나고 다시 케냐로 돌아가지만 제 마음에는 걱정도 두려움도 없습니다." (고3 남학생 간증)

깨닫는 은혜 2   "저는 중간고사를 망쳐서 낙심했었습니다. 그런데 집으로 돌아가는 길에 예배당에서 흘러나오는 찬양을 듣게 되었습니다. 자연스레 예배당으로 발걸음을 옮겼습니다. 예배당 맨 뒷자리에 앉았는데 마침 예배 중에 부르고 있던 찬양이 '너 근심 걱정 말아라'였습니다. 저는 찬양을 듣고 눈물이 터지고 말았습니다. 하나님이 저의 상황을 다 아시고 위로하신다는 확신이 들었습니다. 예배의 자리에서 찬양을 듣고 부르며 마음에 있던 낙심과 염려가 다 사라지는 것을 경험했습니다." (고2 여학생 간증)

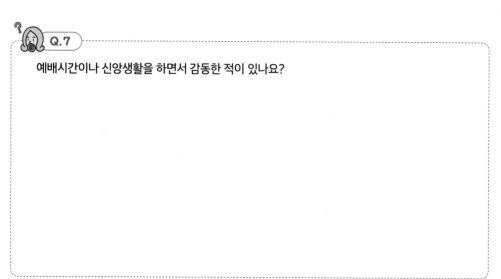

Q.7

예배시간이나 신앙생활을 하면서 감동한 적이 있나요?

04

성령님이 내 안에 계신 증거 ②

핵심요약

1. 용서와 사랑의 마음이 생기는 것은 성령님이 우리 안에 계신 증거 중 하나입니다.
2. 성령님이 마음에 계신 사람은 하나님을 기쁘게 해드리고 싶은 마음이 생깁니다.
3. 성령님이 마음에 계신 사람은 다른 사람에게 예수님을 전하고 싶은 마음이 생깁니다.

4. 용서와 사랑의 마음이 생긴다

Q.1

요한일서 4장 12절을 써 보세요.

¹² 어느 때나 하나님을 본 사람이 없으되 만일 우리가 서로 사랑하면 하나님이 우리 안에 거하시고 그의 사랑이 우리 안에 온전히 이루어지느니라

성령님이 우리 안에 계신 증거는 여러 가지가 있습니다. 그중 하나는 용서와 사랑의 마음이 생기는 것입니다. 물론 우리 안에 예수님이 오시면 우리가 모든 사람을 사랑하고 용서하게 되는 것은 아닙니다. 대신에 우리 마음에 작은 변화들이 일어납니다. 미워하는 사람이 있는데 누군가를 미워하는 마음 때문에 내가 괴롭고 힘들었던 경험이 있습니까? 동생 혹은 친구와 싸우고 억울한 마음이 드는데 기도를 하면 '그래도 내가 용서해야지.' 혹은 '내가 먼저 미안하다고 말해야겠다.'라는 마음이 들었던 적이 있습니까? 이

런 경험을 해봤다면 우리 안에는 성령님이 계신 것입니다. 성령님 없이 우리의 힘으로는 누군가를 용서하거나 사과하고 싶은 마음이 들지 않습니다.

Q.2

미워하는 사람이 있나요? 미워하는 사람이 있을 때 여러분의 마음은 어떤가요?

5. 하나님의 소원을 품게 된다

Q.3

빌립보서 2장 13절을 써 보세요.
13 너희 안에서 행하시는 이는 하나님이시니 자기의 기쁘신 뜻을 위하여 너희에게 소원을 두고 행하게 하시나니

성령님이 마음에 계신 사람은 새로운 소원을 품게 됩니다. 하나님을 기쁘게 해드리고 싶은 마음이 생깁니다. 우리를 양육하는 교회 선생님들을 생각해 봅시다. 선생님들은 월급을 받는 것도 아닌데 주일에 쉬지도 않고 학생들을 만납니다. 심지어 사비로 점심을 사주고 생일을 챙겨줍니다. 여름, 겨울에는 휴가까지 반납하면서 수련회에 가서 학생들을 섬깁니다. 이런 섬김은 선생님들이 마땅히 해야 하는 섬김일까요? 이것은 당연한 일이 아니라 신기한 일입니다.

그렇다면 어떻게 이런 일이 가능한 것일까요? 선생님들의 마음에 계신 성령님께서 학생들을 사랑으로 돌보고 싶다는 마음을 주셨기 때문입니다. 수련회를 다녀오면 교회를 위해 뭔가 헌신하고 싶어 하는 학생들이 많아집니다. 마찬가지로 우리 마음에 오신 성령님께서 하나님이 기뻐하시는 일을 하고 싶은 마음을 주셨기 때문입니다.

주님께 아낌없이 드림

추수감사주일을 한 주 앞둔 중등부 예배 시간이었습니다. 목사님은 학생들에게 "추수감사주일에 내게 가장 귀한 것을 하나님께 드려봅시다."라고 하셨습니다. 그 말을 들은 한 여학생이 반응했습니다. 오랫동안 은행에 차곡차곡 모아둔 돈이 있었는데 그것을 하나님께 드리고 싶은 마음이 생긴 것입니다. 그 학생은 추수감사주일에 비밀번호가 적힌 포스트잇을 통장에 붙여서 하나님께 드렸습니다.

주님을 향한 소원이 생김

"저는 모태신앙입니다. 불과 얼마 전까지만 해도 아무런 봉사도 하지 않고 교회만 열심히 다녔습니다. 그런데 어느 날, 워십팀 모집 광고를 보고 특별한 마음이 생겼습니다. 성령님께서 제가 워십팀을 섬기길 원하시는 것 같았습니다. 저는 춤도 못 추고 사람들 앞에 나서는 것도 어려워했습니다. 하지만 성령님께서는 제가 용기 내서 신청할 수 있게 하셨습니다. 결국 저는 워십팀에 들어갔고 중보기도 모임에도 참석하게 되었습니다.

전도사님은 학교 안에 거룩한 학생들이 세워지는 것을 위해 기도하자고 하셨습니다. 그 때 제 마음이 이상했습니다. 우리 학교에도 기도모임이 생겼으면 좋겠다는 마음이 들었습니다. 학교에 생길 기도모임을 제가 시작해보고 싶다는 마음도 들었습니다. 그래서 저는 하나님께 기도모임을 만들고 싶다고 기도했습니다. 모임을 할 수 있게 길을 열어달라고 간절히 기도했습니다. 그러자 하나님께서는 함께 기도모임할 수 있는 같은 반 친구 한 명을 붙여주셨습니다. 지금은 어느새 다섯 명의 학생들이 모여서 학교와 선생님, 친구들을 위해 기도하게 되었습니다." (중3 남학생 간증)

이 남학생처럼 누가 강요한 것이 아닌데도 하나님을 기쁘시게 해드리고 싶은 마음이 드는 것은 전적으로 성령님께서 우리 안에 계신다는 증거입니다.

Q. 4

하나님과 교회를 위해 무언가 하고 싶은 마음이 든 적이 있나요? 있다면 무엇이었나요?

6. 전도하고 싶은 마음이 생긴다

성령님이 마음에 계신 사람은 전도하고 싶은 마음이 생깁니다. 그런데 보통 '전도'라고 하면 많은 사람이 지하철이나 거리에서 큰 소리로 전도하는 모습을 떠올립니다. 그런 모습을 보고 전도하고 싶지 않다고 생각할 수도 있습니다. 그런데 혹시 예수님을 믿지 않는 친한 친구를 떠올리며 '저 친구도 함께 교회에 나와 보면 좋겠는데, 언제 한번 가자고 해볼까?'라고 생각했던 경험이 있습니까? 또는 교회에서 말씀을 듣고 가족 중에 믿지 않는 누군가를 위해서 기도했던 경험이 있습니까? 그런 경험은 성령님이 우리 안에 계시기 때문에 가능한 일입니다. 예수님을 믿어도 수많은 사람을 전도하지 못할 수도 있습니다. 하지만 우리에게는 전도해야 한다는 부담이 있습니다. 성령님께서 우리에게 영혼 구원의 부담을 주셨기 때문입니다. 전도해야 한다는 부담은 성령님이 우리 안에 계신 증거입니다.

Q.5

고린도전서 2장 4절을 써 보세요.

⁴ 내 말과 내 전도함이 설득력 있는 지혜의 말로 하지 아니하고 다만 성령의 나타나심과 능력으로 하여

전도의 소원

"저는 선생님의 전도로 교회에 처음 나갔습니다. 말씀을 들으며 하나님과 예수님에 대해 알게 되었고 세례도 받았습니다. 목사님의 말씀은 저에게 꼭 필요한 말씀이었습니다. 어느 날부터 우리 아빠, 엄마도 교회에 다니면 좋겠다는 생각이 들었습니다. 아빠는 엄하고 무서운 분이셨습니다. 심지어 교회에 다니는 사람을 싫어하셨습니다. 겁이 났지만 용기를 내어 슬쩍 이야기를 꺼냈습니다. 아빠는 여러 차례 거절하셨습니다. 그러나 아빠가 거절하면 할수록 위축되는 게 아니라 교회에 갔으면 좋겠다는 마음이 더 커지는 것을 느꼈습니다." (중3 남학생 간증)

Q.6

전도하고 싶은 사람이 있나요? 누구인지 또 언제 그런 마음이 들었는지 쓰고 나누어 보세요.

05

성령님이 내 안에 계신 증거 ③

핵심요약

1. 우리 안에 성령님이 계시면 하나님께서 기뻐하시지 않는 일을 할 때, 성령님의 근심을 느끼게 됩니다.
2. 앞에서부터 배운 7가지 증거가 있어야 예수님이 내 안에 계신 것이 아니라 이 중 한 가지만 있어도 예수님은 우리 안에 계십니다.
3. 예수님이 우리 안에 계심을 분명히 믿는다면 7가지 증거를 모두 경험하게 될 것입니다.

7. 성령님의 근심하심을 깨닫는다

 Q.1

에베소서 4장 30절을 써 보세요.

30 하나님의 성령을 근심하게 하지 말라 그 안에서 너희가 구원의 날까지 인치심을 받았느니라

마지막으로 성령님이 우리 안에 오신 증거는 우리가 성령의 근심하심을 느끼게 된다는 것입니다. 예수님을 모르는 사람도 양심은 있기 때문에 나쁜 일을 하면 마음에 가책을 느낍니다. 그러나 그리스도인은 양심의 가책과는 다른 마음의 근심을 느낍니다.

성령님의 마음을 느낌　　어느 주일날 아침, 학생은 시험공부를 하기 위해서 예배에 빠지기로 했습니다. 시험은 학생에게 중요한 일이기 때문입니다. 시험은 중요하니 이런 이유로 예배를 빠지는 것은 예수님도 이해해 주실 거라고 생각

했습니다. 그러나 시간이 지날수록 마음이 불편해졌습니다. "예배 빠져서 시험공부를 얼마나 한다고…"라는 생각이 들었습니다. 학생은 마음을 돌려 바로 교회로 향했습니다. 교회로 향하니 학생의 마음은 편안해졌습니다.

Q.2

나에게 느껴지는 성령의 근심에는 어떤 것이 있나요? 생각나는 대로 써 보세요.

우리는 왜 이런 일에 마음이 불편할까요? 우리 안에 계신 성령님이 근심하시는 것을 우리가 느끼기 때문입니다. 성령님께서 우리의 마음을 통해 말씀하고 계신 것입니다. 그러므로 우리는 성령님의 근심을 깨달았다면 깨달은 즉시 돌이켜야 합니다.

우리 안에 성령님이 계신 7가지 증거를 찾아봤습니다.

체크해 봅시다

나에게 해당한다고 생각하는 증거에 체크해 보세요.

1. 예수님을 주님이라고 고백한다.　　　☐ Yes　☐ No

2. 하나님을 아버지라고 부른다.　　　　☐ Yes　☐ No

3. 하나님께서 주시는 은혜를 깨닫는다.　☐ Yes　☐ No

4. 용서와 사랑의 마음이 생긴다.　　　　☐ Yes　☐ No

5. 하나님의 소원을 품게 된다.　　　　　☐ Yes　☐ No

6. 전도하고 싶은 마음이 생긴다.　　　　☐ Yes　☐ No

7. 성령님의 근심하심을 깨닫는다.　　　☐ Yes　☐ No

7가지 증거 중에 몇 가지가 해당해야 예수님이 우리 안에 계신 것일까요? 모든 항목에 해당해야 할까요? 과반수가 돼야 할까요? 그렇지 않습니다. 7가지 증거 중에 단 한 가지만 체크했어도 괜찮습니다. 그 한 가지가 예수님이 내 안에 오신 증거라고 믿는다면 머지않아 우리의 삶에 7가지 증거가 모두 다 나타날 것입니다.

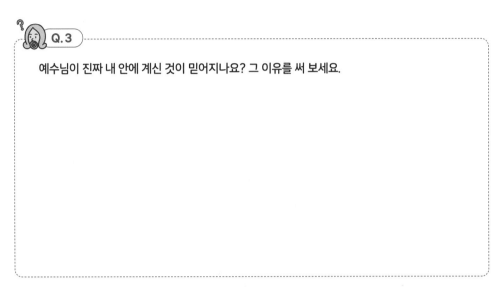

Q.3

예수님이 진짜 내 안에 계신 것이 믿어지나요? 그 이유를 써 보세요.

맞습니다. 예수님은 우리 안에 계십니다. 말씀을 통한 분명한 증거가 우리에게 있습니다. 진짜 예수님이 우리 안에 계신 것이 믿어진다면 우리에게는 어떤 일이 생길까요?

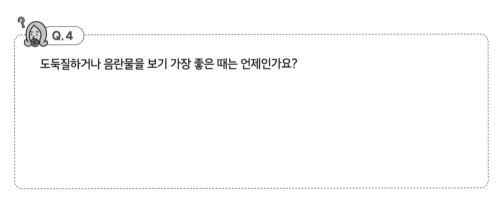

Q.4

도둑질하거나 음란물을 보기 가장 좋은 때는 언제인가요?

보통 우리는 혼자 있거나 아무도 보지 않을 때 죄를 짓곤 합니다. 부모님과 함께 앉아서 음란물을 보는 사람은 없을 겁니다. 사람들이 보는 앞에서 도둑질할 수는 없습니다. 아무도 보지 않는다고 생각하기 때문에 죄를 짓습니다.

그러나 우리가 진정으로 예수님께서 내 안에 오신 것이 믿어진다면 반드시 우리의 행동은 달라집니다. 왜냐하면 우리는 혼자 있는 시간이 없기 때문입니다. 예수님은 언제나 우리와 함께하십니다. 이것이 예수님이 내 안에 계시다고 믿는 것입니다.

은밀한 죄를 깨닫는 역사 한 남학생은 몰래 음란한 동영상을 보는 것이 죄라고 생각하지 않았습니다. 교회에서 아무리 죄라고 해도 주변 친구들은 떳떳하게 음란한 동영상을 봤고 심지어 자랑스럽게 말하는 친구도 있었습니다. 그래서 늘 혼자 있을 때면 동영상을 봤습니다. 그러던 어느 날, 수련회에 가서 예수님께서 항상 우리 안에 거하신다는 것을 알게 되었습니다. 학생은 수련회에서 은혜받고 돌아왔고 다음 날이 되었습니다. 남학생은 여느 때와 다름없이 습관적으로 컴퓨터를 켜고 동영상을 보려 했습니다.

그런데 이상한 느낌이 들었습니다. 옆에서 누군가 함께 영상을 보고 있다고 느껴졌고 창피한 마음이 들었습니다. 애써 무시하고 보려 했지만 그럴 수 없었습니다. 그제야 번뜩 예수님이 함께 거하신다는 것이 생각났습니다. 학생은 더 이상 동영상을 볼 수 없었습니다. 학생에게는 죄스러운 마음이 가득했습니다. 학생은 즉시 컴퓨터를 끄고 회개기도를 했습니다. 혼자 은밀하게 행했던 자신의 모든 행동이 죄임을 고백했습니다.

Q.5

혼자 있을 때, 하나님 앞에 부끄러운 일을 한 경험이 있다면 쓰고 나누어 보세요.

CHAPTER 3 내 안에 계신 예수 그리스도

소그룹 나눔

3단원 안내

자신이 얼마나 큰 죄인인지를 고백하고 회개하면 성령님이 우리 안에 오십니다. 많은 청소년은 성령님이 자신 안에 오셨는데도 이것을 믿지 못하고 불안해 합니다. 3단원은 말씀을 통해서 내 안에 계신 예수 그리스도이신 성령님을 확인하는 시간입니다. 이제부터는 내 안에 계신 성령님과 놀라운 사랑을 시작하는 제자의 삶을 결단하는 것입니다.

마음 열기

(7분)

1. 지난 한 주를 어떻게 보냈나요? 돌아가면서 반원들과 나누어 보세요.

⇨ 재밌었던 일, 혹은 힘들었던 일 등 가벼운 일상에 대한 질문에 돌아가며 대답하고 자연스럽게 자신의 삶을 나누도록 유도합니다.

2. 시작기도를 하고 본격적인 소그룹 나눔을 시작합니다.

⇨ 매주 학생들이 돌아가면서 시작기도를 할 수 있도록 합니다.

기초 다지기
(3분)

1. 지난 단원을 복습해 봅시다.

⇨ 인도자가 학생들에게 질문하고 학생들이 대답함으로 지난 단원의 내용을 상기시켜 줍니다.

a. 우리가 구원받는 유일한 길은? ⇨ 예수 그리스도

b. 죄를 지었을 때 우리는 예수님께 해야하는 것은? ⇨ 회개

c. 회개할 때마다 예수님은 용서해 주신다? 아니다? ⇨ 주신다

d. 우리는 죄를 이길 수 있다? 없다? ⇨ 있다

2. 지난주 출석과 예습, 암송, 예수동행일기, 기도, 말씀묵상을 충실히 했는지 같이 점검해 봅니다.

3. 성경 암송 과제를 함께 암송합니다. 암송 구절: 요한복음 15장 4절

⇨ 내 안에 거하라 나도 너희 안에 거하리라 가지가 포도나무에 붙어 있지 아니하면 스스로 열매를 맺을 수 없음 같이 너희도 내 안에 있지 아니하면 그러하리라

나 눔 (80분)

01 구원의 확신 (P.79)

Q. 예수님은 내 안에 오셨나요? 그렇게 생각하는 이유를 쓰고 나누어 보세요.

핵심요약

1. 우리에게는 오늘 당장 죽어도 천국에 갈 수 있다는 확신이 있어야 합니다.

2. 우리 눈에 증거가 보이지 않으면 확신하지 못하는 사람이 많습니다. 그리스도인은 이 땅에서도 천국에 대한 믿음을 갖고 사는 존재입니다.

3. 우리 안에 예수 그리스도가 계신 것은 우리가 구원받았다는 확실한 증거입니다.

02 내 안에 오신 예수님 (P.83)

Q. 예수님이 나와 함께하신다는 것이 믿어졌던 경험이 있나요? 있다면 쓰고 나누어 보세요.

핵심요약

1. 혼자인 것처럼 느낄 때도 예수님은 우리와 함께하신다는 것을 기억해야 합니다. 예수님께서는 우리를 고아와 같이 버려두지 않으시겠다고 약속하셨습니다.
2. 우리 안에 찾아오신 예수님을 '성령님'이라고 합니다. 그분은 곧 '내 안에 오신 예수님'입니다.
3. 내 안에 오신 예수님은 내 마음의 상태가 어떻든지 결코 나를 떠나지 않습니다.

03 성령님이 내 안에 계신 증거 ① (P.89)

Q. 예배시간이나 신앙생활을 하면서 감동한 적이 있나요?

핵심요약

1. 예수님을 "주님"이라고 고백하는 것은 우리 안에 성령님이 계셔야만 가능한 일입니다.
2. 하나님을 "아버지"라고 고백하는 것은 우리 안에 계신 예수님을 통해서만 가능한 일입니다.
3. 예배를 드리거나 일상생활에서 은혜를 경험하는 것은 예수님이 우리 안에 계시기 때문에 가능한 것입니다.

04 성령님이 내 안에 계신 증거 ② (P.94)

Q. 전도하고 싶은 사람이 있나요? 누구인지 또 언제 그런 마음이 들었는지 쓰고 나누어 보세요.

핵심요약

1. 용서와 사랑의 마음이 생기는 것은 성령님이 우리 안에 계신 증거 중 하나입니다.
2. 성령님이 마음에 계신 사람은 하나님을 기쁘게 해드리고 싶은 마음이 생깁니다.
3. 성령님이 마음에 계신 사람은 다른 사람에게 예수님을 전하고 싶은 마음이 생깁니다.

05 성령님이 내 안에 계신 증거 ③ (P.99)

Q. 혼자 있을 때, 하나님 앞에 부끄러운 일을 한 경험이 있다면 쓰고 나누어 보세요.

핵심요약

1. 우리 안에 성령님이 계시면 하나님께서 기뻐하시지 않는 일을 할 때, 성령님의 근심을 느끼게 됩니다.
2. 앞에서부터 배운 7가지 증거가 있어야 예수님이 내 안에 계신 것이 아니라 이 중 한 가지만 있어도 예수님은 우리 안에 계십니다.
3. 예수님이 우리 안에 계심을 분명히 믿는다면 7가지 증거를 모두 경험하게 될 것입니다.

마무리
(10분)

⇨ 먼저 단원의 내용을 간단히 정리합니다.

1. 친구들에게 자신의 기도제목을 나눕니다. 자신과 다른 친구들의 기도제목을 이곳에 적어봅시다.

⇨ 개인 기도제목을 돌아가면서 나누고 인도자가 단원 주제에 맞는 기도제목을 제시하고 함께 기도합니다. 마지막으로 인도자가 마무리 기도하고 주기도문으로 마칩니다.

2. 4단원 3과에서는 사망선고서를 작성해야합니다. 예수님의 생명으로 살기 위해서는 죄된 나에게 사망 선고를 내리고 죽음을 받아들여야 합니다. 기도하며 나의 죄된 모습과 내가 예수님과 함께 이미 십자가에서 죽었음을 고백합시다.

⇨ 사망선고서는 본 제자훈련에서 가장 중요합니다. 학생들이 죄를 고백하고 나는 죽고 예수로 사는 삶을 살 수 있도록 함께 기도해주세요. 인도자용에만 사망선고서의 예시가 나와있습니다(p.117). 소그룹 마지막 시간에 학생들의 이해를 위해 한 번 읽어주시면 됩니다.

3. 다음 주 성경 암송 구절: 갈라디아서 2장 20절

내가 그리스도와 함께 십자가에 못 박혔나니 그런즉 이제는 내가 사는 것이 아니요 오직 내 안에 그리스도께서 사시는 것이라 이제 내가 육체 가운데 사는 것은 나를 사랑하사 나를 위하여 자기 자신을 버리신 하나님의 아들을 믿는 믿음 안에서 사는 것이라

⇨ 다음 단원을 짧게 소개합니다. 다음 주 성경 암송 구절을 같이 읽어본 후, 꼭 외워올 수 있도록 독려합니다.

내가 그리스도와 함께 십자가에 못 박혔나니
그런즉 이제는 내가 사는 것이 아니요
오직 내 안에 그리스도께서 사시는 것이라
이제 내가 육체 가운데 사는 것은 나를 사랑하사
나를 위하여 자기 자신을 버리신
하나님의 아들을 믿는 믿음 안에서 사는 것이라

갈라디아서 2장 20절

CHAPTER 4
나는 죽고 예수로 사는 사람

01

내 마음의 주인

핵심요약

1. 예수님을 믿어도 변화가 일어나지 않는다면 우리의 마음에 예수님이 손님으로 계신 것입니다. 예수님을 우리 마음의 주인으로 모셔야 합니다.
2. 우리의 옛사람은 이미 십자가에서 예수님과 함께 죽었습니다. 그리고 새사람으로 다시 태어났습니다.
3. 내 삶의 주인이던 내가 죽고, 예수님으로 주인이 바뀌게 되면 진정한 변화가 찾아옵니다.

Q.1

예배나 수련회에서 은혜받고 결심한 것이 잘 지켜졌나요? 아니었다면 그 경험을 써 보세요.

 내 안의 나

한 학생이 수련회에 참석해서 많은 은혜를 받았습니다. 눈물, 콧물을 흘리며 찬양도 불렀고 기도도 했습니다. 학생의 삶은 변화될 것만 같았습니다. 그렇게 수련회를 마치고 집으로 돌아왔습니다. 집에 돌아오니 학생이 가장 아끼던 운동화에 흙먼지가 잔뜩 묻어있었습니다. 알고 보니 동생이 수련회 기간에 형이 없는 틈을 타서 운동화를 신고 축구를 했던 것입니다. 화가 난 형은 동생을 혼냈습니다. 그리고 직성이 풀리지 않아 동생을 한 대 쥐어박았습니다. 동생은 울기 시작했고 형은 마음 안에 낙담이 찾아왔습니다. 수련회 때 모든 은혜를 다 받은 것 같았는데 욱하는 성질이 그대로 남아있다는 사실에 좌절한 것입니다.

지난 단원에서는 예수님께서 내 마음에 오신 일이 얼마나 놀라운 일인지 살펴봤습니다. 예수님을 믿고 예수님이 내 마음에 오셨으니 내 삶의 모든 일이 이제는 다 술술 잘 풀릴 거라 생각하지 않았습니까? 그런데 오히려 예수님이 내 마음에 오셨다는 확신은 들지만 눈에 띄는 변화는 없어 보이는 경우가 많습니다. 실패한 것처럼 보이기도 하고 일이 더 꼬이는 경우도 있습니다. 그러면 우리는 '왜 주님은 내 안에 계시기만 하고 역사하시지 않는거지?'라는 생각을 하게 됩니다. 우리는 이 의문에 대해 분명히 할 필요가 있습니다. 우리는 예수님께서 역사하시지 않기 때문에 우리가 실패한다고 생각합니다. 그러나 예수님께서 역사하지 않으시는 게 아니라 역사하지 못하신다는 사실을 알아야 합니다.

우리 마음을 설명하기 위한 그림입니다. 내 마음 안에는 가장 크고 넓은 왕의 자리가 있습니다. 이 자리에 앉은 사람이 내 삶이 주인입니다.

첫 번째 그림은 왕의 자리에 내가 앉아 있는 것입니다. 많은 그리스도인이 예수님을 마음에 모시지만 주인의 자리에 내가 앉아 있습니다. 내가 주인이기 때문에 내 마음대로 살아갑니다. 그래서 예수님이 마음에는 계시지만 역사하지 못하시는 겁니다. 두 번째 그림은 왕의 자리에 내가 아닌 진짜 나의 왕, 예수님이 앉으시도록 하는 것입니다. 예수님이 왕의 자리에 앉으신 사람은 예수님을 나의 주인으로 모시고 예수님이 말씀하시는 대로 순종합니다. 역사는 이때 일어나는 것입니다.

 Q.2

내 마음의 왕의 자리에는 누가 앉아 계시나요?

분명히 우리 마음에는 예수님이 오셨습니다. 그러나 우리는 마음에 오신 예수님을 손님처럼 모시고 살아갑니다. 그렇기 때문에 예수님의 역사하심을 경험하지 못합니다. 우리는 예수님을 손님이 아니라, 주인으로 모시고 살아가야 합니다. 이것이 진정한 그리스도인이자 예수님의 제자로 변화되는 길입니다.

예수님을 믿기 시작하면 누구나 진정한 그리스도인으로 변화되길 소망합니다. 또한 그렇게 변화되기 위해서 방법을 찾고 노력합니다. 그러나 진정한 그리스도인이 되는 '방법'에 대한 오해가 있습니다. 우리는 열심히 새벽기도하고 매일 말씀을 묵상하면 변화되리라 생각합니다. 죄가 조금씩 사라지고 예수님의 사람으로 변화될 줄 압니다. 그러나 아무리 노력해도 쉽게 변하지 않는 게 사람의 본성입니다. 노력하면 노력할수록 변하지 않는 자신을 보며 무너지고 좌절하게 됩니다. 사람의 본성은 노력으로 변하지 않습니다. 그러나 한 가지 변할 수 있는 길이 있습니다. 나의 주인이 바뀌면 됩니다. 우리는 주인이 바뀌지 않으면 아무것도 달라지지 않습니다. 열심히 기도하고 성경을 보는 것으로 변하지 않습니다. 진정한 그리스도인으로의 변화는 내가 죽어야만 가능한 일입니다. 그렇다면 죽는다는 것이 무엇일까요? 그동안 내가 내 삶의 주인으로 살아왔다면 이제는 내 삶의 주인을 예수님으로 바꾸는 것입니다.

Q.3

로마서 6장 3-4절을 써 보세요.

3 무릇 그리스도 예수와 합하여 세례를 받은 우리는 그의 죽으심과 합하여 세례를 받은 줄을 알지 못하느냐 4 그러므로 우리가 그의 죽으심과 합하여 세례를 받음으로 그와 함께 장사되었나니 이는 아버지의 영광으로 말미암아 그리스도를 죽은 자 가운데서 살리심과 같이 우리로 또한 새 생명 가운데서 행하게 하려 함이라

우리는 교회에서 세례를 받습니다. 그리스도인에게 가장 중요한 성례입니다. 세례를 받을 때 머리에 물을 적십니다. 물이 몸 아래로 흘러 내려갔다는 것은 죽었다는 것을 의

미합니다. 그리고 물 밖으로 나오는 것은 다시 살아났다는 의미입니다. 조금씩 변화되어서 좋은 사람이 되는 것이 아니라, 죽음을 통해서 새사람으로 다시 태어나는 것입니다. 더 간단하게 이야기하면 내가 주인이었던 나는 죽었고, 예수님을 주인으로 모신 나로 다시 태어나는 것입니다. 이것이 죽음입니다. 그래서 성경은 '예수님의 죽으심과 함께 세례 받았다.'라고 하는 것입니다.

하나님의 방법은 어느 부분을 조금 고치는 것이 아니라 완전히 바꾸는 것입니다. 예수님의 십자가는 단순히 우리를 용서하기 위함이 아닙니다. 우리가 죽고 다시 살게 하시려는 것, 곧 거듭나게 하시는 것입니다. 우리의 옛사람은 이미 예수님께서 십자가에 죽으실 때, 예수님과 함께 십자가에 못 박혔습니다. 이것이 하나님의 방법입니다. 내 삶의 주인이었던 내가 죽고 예수님으로 주인이 바뀌게 되면 진정한 변화가 찾아옵니다.

 Q. 4

요한복음 3장 3절을 써 보세요.
³ 예수께서 대답하여 이르시되 진실로 진실로 네게 이르노니 사람이 거듭 나지 아니하면 하나님의 나라를 볼 수 없느니라

김익두 목사님　　한국 교회에서 유명한 목사님 중 김익두 목사님이라는 분이 있었습니다. 그분은 유명한 깡패였습니다. 시장에서 물을 떠 놓고 김익두를 만나지 않게 해 달라고 비는 사람이 있을 정도였습니다. 그는 이처럼 많은 사람에게 고통과 불안을 안겨 주었습니다. 그런데 이 깡패 청년 김익두가 예수님을 믿게 되었습니다. 그는 예수님을 믿고 지난 삶을 회개하더니 어느날 사람들에게 부고장을 돌렸습니다.

그 내용은 '김익두가 죽었다.' 였습니다. 깡패 김익두가 죽었다는 소식을 듣고 사람들은 기뻐했습니다. 그런데 어느 날 죽었다는 김익두가 시커먼 책 하나를 들고 시장에 나타났습니다. 사람들은 눈을 의심하며 깜짝 놀랐습니다. 죽었다고 생각했던 그가 갑자기 눈앞에

나타난 것입니다. 그런데 그의 눈빛이 이전과는 달랐습니다. 그는 이전에 사람들이 알고 있는 김익두가 아니었습니다. 사람들은 김익두가 예수님을 믿고 변화되어 목사가 되었다는 사실을 알게 되었습니다.

한 사람이 그를 시험하려고 길을 지나갈 때 물통에 있는 물을 그에게 끼얹었습니다. 그러자 김익두 목사님은 물을 툭툭 털고 물을 끼얹은 사람에게 말했습니다.

"예수는 내가 믿고 복은 자네가 받았구만!"

유명한 깡패였던 그가 예수님을 만나니 진정한 변화가 일어난 것입니다.

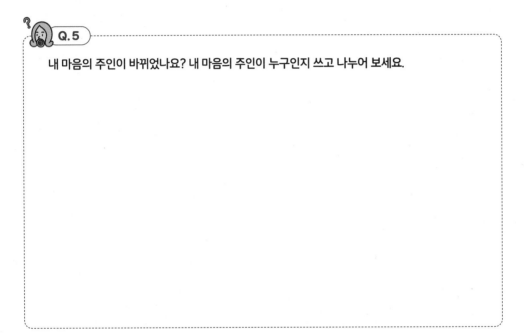

Q.5

내 마음의 주인이 바뀌었나요? 내 마음의 주인이 누구인지 쓰고 나누어 보세요.

죽어야 사는 자아

핵심요약

1. 우리의 삶의 문제는 부모님, 친구, 세상 때문이 아니라 나의 뜻대로 살기 때문입니다.
2. 우리는 '죄'라는 본성을 가졌기 때문에 우리가 삶의 주인이 되면 반드시 불행해집니다.
3. 성경은 이 문제가 예수 그리스도와 함께 십자가에 못 박혀 죽음으로 해결된다고 말합니다.

자신이 아닌 남의 탓

아담과 하와는 하나님의 말씀을 어기고 선악과를 먹었습니다. 하나님은 아담과 하와에게 "왜 먹지 말라고 한 열매를 먹었느냐?"라고 물으셨습니다. 아담과 하와는 자신들의 죄를 인정했지만 회개하지 않았습니다. 오히려 핑계를 댔습니다. 하나님과 자신들 사이에 생긴 문제를 자신이 아닌 남의 탓으로 돌렸습니다. 아담은 "하나님이 저에게 주신 여자가 먹으라고 열매를 줬습니다."라고 말했고 하와는 "뱀이 저를 속여서 어쩔 수 없이 먹었습니다."라고 말했습니다.

우리는 삶에서 문제를 만나면 주변 환경이나 다른 누군가의 잘못 때문에 생긴 일이라고 생각합니다. 자신이 행복하지 않은 이유를 '가난한 부모를 만나서', '친구를 잘못 만나서', '세상이 불공평해서'라고 말합니다. 그런데 정말 그럴까요? 우리가 원하는 대로 살 수만 있다면 우리는 행복해질 수 있을까요? 많은 사람이 자신의 뜻대로 사는 것이 오히려 문제가 되고 불행해진다는 것을 잘 깨닫지 못합니다.

Q.1

내가 행복하지 않다고 느낄 때, 주된 원인은 누구에게 있나요?

게임과 살인 사건

"서울 동대문구에 있는 한 피시방에서 끔찍한 살인 사건이 일어났습니다. 게임을 하던 도중 조모 씨(32살)와 김모 씨(24살) 사이에서 시비가 붙었습니다. 조모 씨는 김모 씨에게 피시방 장소를 물었고 김모 씨를 직접 찾아가 흉기로 네 차례 복부를 찔렀습니다. 조모 씨는 게임상의 대화를 캡처해서 '자신이 먼저 인격적인 모독을 당했고 분한 마음에 흉기로 찌른 것이다.'라고 해명했습니다. 담당 경찰은 구속 영장을 청구할 방침이라고 말했습니다." (2012년 3월 한국일보)

내 삶 속의 연예인이란

한 예능 프로그램에서 아이돌에 빠진 중학생 이야기가 소개되었습니다. MC들은 "왜 연예인에게 모든 관심을 쏟느냐?"라고 묻자, 이 여학생은 "연예인은 우리 문화의 중심이다. 친구들 사이에서 연예인 얘기에 못 따라가면 왕따가 된다."라고 말했습니다. 어머니는 공부는 뒷전이고 일상생활 자체가 되지 않는 딸을 보면서 답답한 마음에 50L 쓰레기 봉지에 연예인의 사진을 다 담아서 버리려고 했습니다. 그런데 딸이 연예인은 내 생명이라며 울고불고 난리가 났었다고 합니다.

이 여학생은 "만약 엄마가 사진을 다 버렸으면 뛰어내렸을 거다. 생각만 해도 눈물이 난다."라고 말했습니다. 이 여학생은 자기의 삶이 무너지는 것에는 관심이 없고 오직 그 연예인에만 모든 관심을 쏟았습니다.

위에서 읽은 두 이야기는 서로 연관성 없는 사건처럼 보입니다. 그러나 두 이야기에서 한 가지 공통점을 찾을 수 있습니다. 모든 문제의 원인은 결국 '나'에게 있다는 것입니다.

내 인생의 주인이 자신이라고 착각해서 자기 멋대로 행동하거나 자신의 욕구를 충족시키면 그만이라고 생각하는 것이 문제의 핵심입니다. 이처럼 내가 나의 삶의 주인이 되어서 내가 하고 싶은 대로 살아가면 결국 불행해지고 맙니다. 내가 나의 삶의 주인이 되기엔 우리는 본성 자체가 죄로 물든 존재입니다. 그러므로 우리는 문제의 원인이 '나'라는 것을 반드시 받아들여야 합니다.

Q.2

사사기 21장 25절을 써 보세요.

²⁵ 그 때에 이스라엘에 왕이 없으므로 사람이 각기 자기의 소견에 옳은 대로 행하였더라

성경에서 사사기는 암흑기입니다. 사람들이 하나님을 잊어버리고 제멋대로 살았던 시대입니다. 그 시대를 가리켜 성경은 이렇게 결론을 내립니다. "그 때에 이스라엘에 왕이 없으므로 사람이 각기 자기의 소견에 옳은 대로 행하였더라." 당시 이스라엘 백성에게는 왕이 없었습니다. 정치 지도자인 왕이 없었다는 이야기입니다. 다른 말로는 하나님을 왕으로 모시지 않았다는 말입니다. 그리고 사람들은 '자기의 소견에 옳은 대로', 즉 자기의 뜻대로 살아갔다고 기록되어 있습니다.

이처럼 문제의 핵심은 우리 자신일 때가 많습니다. 우리는 이것을 인정해야 합니다. 성경은 '자아'의 문제가 해결될 수 있는 방법이 예수 그리스도와 함께 십자가에 못 박혀 죽는 것이라고 말합니다. 그래야만 우리는 참 행복을 경험할 수 있기 때문입니다.

Q.3

갈라디아서 2장 20절을 써 보세요.

²⁰ 내가 그리스도와 함께 십자가에 못 박혔나니 그런즉 이제는 내가 사는 것이 아니요 오직 내 안에 그리스도께서 사시는 것이라 이제 내가 육체 가운데 사는 것은 나를 사랑하사 나를 위하여 자기 자신을 버리신 하나님의 아들을 믿는 믿음 안에서 사는 것이라

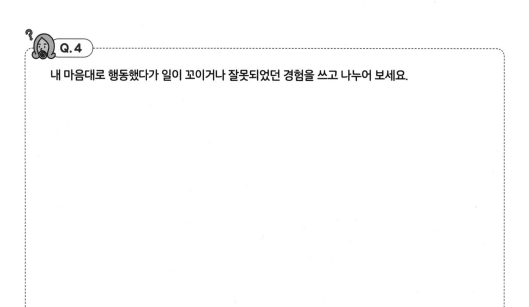

Q.4

내 마음대로 행동했다가 일이 꼬이거나 잘못되었던 경험을 쓰고 나누어 보세요.

03

이미 죽은 자로 여겨라

핵심요약

1. 우리가 노력해도 자신을 죽은 사람처럼 여기지 않는 것은 우리의 옛 습관 때문입니다. 우리는 자신의 모습이 아니라 말씀을 믿어야 합니다.
2. 사도 바울도 예수님과 함께 이미 죽었음을 인정하는 고백을 했습니다. 우리도 자신에게 사망 선고를 내리고 십자가에서 예수님과 함께 죽었음을 받아들여야 합니다.
3. 우리는 날마다 예수님과 함께 죽었다는 진리를 붙들고 살아야 합니다.

혈서로도 못다 한 결신

어떤 목사님의 이야기입니다. 그는 청년 때 예수님을 깊이 만났지만 번번이 죄에 넘어졌습니다. 그 죄책감에 청년의 마음은 너무도 고통스러웠습니다. 그는 어떻게든 죄를 이겨보고 싶은 마음에 혈서를 썼습니다. 그리고 그 혈서를 책상 앞에 붙여놨습니다. 죄를 이기고 싶은 마음이 간절했기 때문입니다. 그런데 그는 혈서를 붙이고 한 시간도 지나지 않아서 또 마음으로 죄를 지었습니다. 그는 혈서까지 썼는데도 죄를 이기지 못하는 자신을 보며 매우 낙심하고 좌절했습니다.

우리의 노력만으로는 내 삶이 변화되지 않습니다. '오늘부터 게임을 하는 시간에 말씀묵상을 해야겠다!', '다시는 음란물을 보지 말아야지!'라고 다짐해도 얼마 지나지 않아 그 결단이 무너지는 것을 경험해본 적이 있을 것입니다. 나 자신을 보면 '내가 이미 죽었다.'는 진리가 받아들여지지 않습니다. 왜 그런 것일까요?

오래된 습관

10년간 시계를 거실 오른편에 걸어 놓았던 사람이 있었습니다. 어느 날 이사를 하고 그는 시계를 거실 왼편에 걸었습니다. 그는 시계를 확인할 때마다 습관적으로 오른쪽을 먼저 쳐다봤습니다. 아무리 고쳐보려 해도 10년 동안 몸에 밴 습관이 하루아침에 고쳐지지 않았습니다. 그 후로도 그는 오랫동안 시계를 볼 때마다 오른쪽을 먼저 봤다고 합니다.

우리가 죽지 않은 것이 아닙니다. 우리 안에 옛 습관이 남아있는 것입니다. 성경은 분명히 우리가 예수님과 함께 죽었다고 말합니다. 나의 옛 습관이 고개들 때마다 우리는 진리를 더욱 붙들어야 합니다.

Q.1

말씀의 빈칸에 자신의 이름을 써 보세요.

(   ) 가 그리스도와 함께 십자가에 못 박혔나니 그런즉 이제는 (   ) 가

사는 것이 아니요 오직 (   ) 안에 그리스도께서 사시는 것이라 이제 (   )가

육체 가운데 사는 것은 (   )를 사랑하사 (   ) 를 위하여 자기 자신을 버리신

하나님의 아들을 믿는 믿음 안에서 사는 것이라

사도 바울은 예수님이 십자가에 죽으셨을 때 "죄의 종노릇하던 나도 예수님과 함께 이미 십자가에서 못 박혀 죽었습니다."라고 고백했습니다. 갈라디아서 2장 20절은 사도 바울의 사망선고서입니다. 우리에게도 사도 바울과 같은 자세가 필요합니다. 나에게 사망 선고를 내리고 죽음을 받아들일 때 비로소 예수님의 생명으로 살 수 있기 때문입니다.

여러분도 사도 바울과 같은 사망선고서를 작성해 보시기 바랍니다.
다음과 같은 내용을 참고해서 서술형으로 쓰면 됩니다.

① 죄의 종노릇하던 과거 자신의 모습

② 그 죄로 인해 생긴 결과들

③ 아직 나타나지 않았지만 언제든 상황과 조건 그리고 용기만 주어지면 내 삶에서 나타날 수 있
   는 죄의 문제들(교만, 분노, 미움, 음란, 탐욕, 자기연민, 자살 충동 등)

④ 노력해서 죄를 이길 수 없으며 내가 예수님과 함께 이미 십자가에서 죽었음을 고백

[예시] 저 ○○는 오늘까지 죄에 끌려다녔던 사람입니다. 그동안 저는 친구들에게 인기를 얻으려고
       하나님을 섬기지 않았고 온갖 음란물을 봤습니다. 용기가 없었을 뿐이지 만약 상황과 조건이 허
       락되었다면 저는 살인자, 성폭행범이 되어 있을 수도 있는 존재임을 고백합니다. 죄를 지으면서
       도 회개하고 열심히 노력하면 죄를 없앨 수 있다고 생각했습니다. 그러나 그것이 아니었습니다.
       죄는 제 생명에 붙어있으면서 동시에 지옥에 갈 수밖에 없는 유일한 이유였습니다. 제 노력으로
       는 죄를 이길 수 없음을 고백합니다. 그래서 저는 제 자신에게 사망을 선고합니다.
       "상황, 조건, 용기만 허락되었다면 세상의 모든 죄를 다 지을 수 있는 가능성을 가진 죄인 ○○
       는 믿음으로 예수님과 함께 십자가에서 죽었습니다."
       죄인이었던 제게 ○○○○년 ○○월 ○○일 사망을 선고합니다.

사망선고서를 작성하니 어떤 기분이 드나요? 이제 내가 죄에 대해서 죽은 사람으로 잘살 수 있을 거라는 확신이 드나요? 아니면 다시 예전 모습으로 돌아가진 않을까라는 걱정이 되시나요? 사망선고서를 작성하는 것만으로는 부족합니다. 사도 바울도 죽음에 대해 이렇게 표현했습니다.

Q.2

고린도전서 15장 31절 말씀을 써 보세요.
³¹ 형제들아 내가 그리스도 예수 우리 주 안에서 가진 바 너희에 대한 나의 자랑을 두고 단언하노니 나는 날마다 죽노라

갈라디아서 2장 20절에서 이미 자신이 죽었다고 기록한 사도 바울은 고린도전서 15장 31절에서 "나는 날마다 죽노라"라고 고백했습니다. 이것은 우리가 예전의 모습으로 돌아가서 실패를 할 때마다 다시 말씀 앞으로 돌아가야 한다는 뜻입니다. 우리는 날마다 이미 내가 주님과 함께 죽었다고 선포하는 말씀의 진리를 붙들어야 합니다.

04

나는 죽고 예수로 사는

핵심요약

1. 그리스도인의 삶은 죽음으로 끝나는 것이 아니라, 예수님과 사는 것으로 시작됩니다.
2. 예수님으로 사는 삶은 예수님이 원하시는 일은 하고, 예수님이 원하지 않으시는 일은 하지 않는 삶입니다.
3. 이 삶은 노력해서 이뤄지는 것이 아니라 예수님을 사랑하게 되면 자연스럽게 일어나는 일입니다.

우리는 이제 죄인 된 내가 죽었음을 알았습니다. 그러나 그리스도인의 삶은 죽는 것으로 끝이 아닙니다. 내가 죽고 내 안에 예수 그리스도가 사시는 일이 시작됩니다. 나의 죽음을 인정하면 그 이후로는 예수님이 사시는 것입니다. 예수님이 내 마음의 왕이 되시고 내 삶의 주인이 되십니다. 그렇다면 내가 죽고 예수님이 산다는 것은 무엇일까요?

나는 죽고　　　　오래전에 샌프란시스코 차이나타운에서 실제로 있었던 일입니다. 차이나타운에는 삼 남매가 살고 있었습니다. 형은 목재가구와 나무 십자가를 만들어 동생들을 먹여 살리고 있었습니다. 여동생은 집안일을 열심히 돌봤지만 남동생은 도박에서 헤어 나오지 못하고 있었습니다.

하루는 남동생이 있던 도박판에서 싸움이 벌어졌고 남동생은 모든 돈을 잃었습니다. 형은 동생이 다치진 않았을까 걱정하며 간신히 동생을 도박판에서 빼낼 수 있었습니다. 그런데 문제는 여기서 끝이 아니었습니다. 동생이 도박으로 나쁜 사람에게 빚을 져서 당장 갚지 않으면 목숨이 위태로워 졌습니다. 형은 하는 수 없이 동생에게 자신의 통장을 줬습니다.

그러나 동생은 형에게 받은 돈으로 다시 도박을 했고 다행히도 이번에는 운 좋게 많은 돈을 딸 수 있었습니다. 그러나 집으로 돌아오는 길에 깡패들이 동생을 따라왔고 동생은 그들과 싸우다가 깡패 중 한 명을 죽여버렸습니다. 놀란 동생은 피투성이가 되어 간신히 집으로 돌아왔습니다. 하지만 이윽고 밖은 경찰들에 의해 포위되었습니다. 경찰들은 동생에게 자수하라고 외쳤습니다.

벼랑 끝에 몰린 동생은 모든 것을 체념하고 자수하기 위해 밖으로 나가려고 일어났습니다. 그런데 갑자기 형이 동생의 몸을 돌렸습니다. 형은 피 묻은 동생의 옷을 뺏어 입고 자신의 옷을 동생에게 입혔습니다. 그리고 자신이 만들던 나무 십자가를 동생에게 줬습니다. 그리곤 동생에게 "너는 내 옷을 입고 이제부터 나로 살아."라고 말했습니다. 말이 끝남과 동시에 형은 집 밖으로 뛰어나갔고 경찰의 정지 명령에도 계속 앞만 보고 달렸습니다. 결국 형은 경찰이 쏜 총에 쓰러지고 맙니다.

경찰은 총에 맞은 사람이 동생이 아니고 형임을 알았습니다. 하지만 형이 동생 대신에 죗값을 치렀기에 동생의 죄를 면제해줍니다. 동생은 형의 희생으로 새로운 삶을 살게 되었습니다. 동생의 삶은 완전히 바뀌었고 형을 대신해 나무 십자가를 만드는 일을 시작했습니다. 동생이 만든 십자가가 처음에는 볼품없었지만 차차 형이 만들었던 것과 구별할 수 없을 만큼 완성도 있는 십자가를 만들게 되었습니다. 동생은 형의 묘소에 자신이 만든 십자가와 형이 만들었던 십자가를 꽂아두었습니다. 동생은 자신의 십자가에 형에게 보내는 성경 구절을 적었습니다.

"이제는 내가 사는 것이 아니요 오직 내 안에 그리스도께서 사시는 것이라."

위의 예화같이 동생은 이제 동생으로서 살지 않고 형의 옷을 입고 형처럼 살아가게 됩니다. 마찬가지로 우리도 우리의 모습으로 사는 것이 아니라 예수 그리스도로 살게 됩니다. 나는 죽고 예수로 산다는 것은 첫째, 내가 하고 싶지만 예수님이 원하지 않으시면 하지 않는 것입니다. 둘째, 내가 하고 싶지 않지만 예수님이 원하시면 하는 것입니다.

예수로 사는　　　"중학교 때 있었던 일입니다. 같은 반에 친구들과 사이가 좋지 않은 친구가 있었습니다. 흔히 말해 따돌림을 당하는 친구였습니다. 하루는 그 친구가 아파서 교실에서 토를 했습니다. 그 모습을 보고 교실은 난리가 났습니다. 원래 따돌림을 당하는 친구였는데 토까지 해버렸으니 다들 수군수군 거리고 대놓고 흉을 봤습니다. 당연히 아무도 나서지 않았습니다. 괜히 나섰다가 나댄다는 소리를 들을 수도 있고 자신도 피해볼 수 있기 때문입니다.

그런데 그 순간 저도 모르게 망설임 없이 그 친구를 도와줬습니다. 친구들은 저에게 '야, 너 뭐하냐?'라고 물었습니다. 저는 아무렇지 않은 듯이 '나? 토 닦잖아.'라고 답했습니다. '너무 더럽지 않냐?'는 친구들의 질문에 저는 '친구가 아픈데 왜 그러냐?'라고 말했습니다.

물론 제가 평소에 그 친구와 친하거나 좋아하는 감정이 있었던 건 아닙니다. 그렇지만 저는 친구를 도울 수밖에 없었습니다. 그 이유는 하나님이 원하시는 것이라고 생각했기 때문입니다. 제가 먼저 친구를 돕자 놀랍게도 다른 친구들도 그 친구를 도왔습니다. 그 일 이후 따돌림을 당하던 친구에게도 어느 순간부터 친구들이 생기기 시작했습니다." (고2 여학생 간증)

내가 하고 싶지만 예수님께서 하지 말라고 하는 것은 무엇인가요?

내가 하기 싫지만 예수님께서 하라고 하는 것은 무엇인가요?

예수님으로 사는 사람은 내가 하기 싫은 일이어도 예수님께서 원하시면 하게 됩니다. 또 내가 좋아하는 일이어도 예수님께서 싫어하시면 하지 않게 됩니다. 이 모든 일을 억지로 하는 것이 아니라 기쁨으로 하게 됩니다.

죄를 극복하는 방법 한 청년이 포르노(성적 행위를 묘사한 소설, 영상 등)에 중독되어 고민에 빠졌습니다. 그러던 와중에 청년은 너무 사랑하는 여자를 만났습니다. 그런데 청년은 선뜻 이 여자와 관계를 발전시킬 수 없었습니다. 왜냐하면 자신은 너무 더러운 존재라 그 여자에게 사랑한다고 말할 자격이 없다고 생각했기 때문입니다. 고민에 빠진 청년은 평소에 존경하던 교수님을 찾아가 고민을 말했습니다. 교수님은 청년의 말을 듣고는 갑자기 "너, 그거 끊으려고 하지 마."라고 하셨습니다.

청년이 놀라자 교수님이 다시 이렇게 말씀하셨습니다.

"끊어야지, 똑바로 살아야지, 열심히 살아야지 하는 만큼 넌 이미 결박당해버렸어. 거기서 헤어 나올 수 없어. 네 모든 생각과 관심은 다 거기 가 있어. 그리고 그렇게 다짐해서 끊어져도 문제야."

"네? 왜죠?"

교수님은 두 가지 문제를 말했습니다.

"첫 번째는 하나님과의 거래 관계가 시작되기 때문이야. '하나님, 끊었습니다. 그러니까 복을 주세요. 여기까지 했으니까 은혜를 내려주세요' 하는 거지. 그러다 어려움과 고통과 환란이 오면 십중팔구 '하나님, 필요 없습니다. 여기까지 했는데 이게 뭡니까?'하면서 교회를 떠나버리게 된다니까. 두 번째는 못 끊는 사람들을 정죄하기 시작해. '나는 끊었는데 너는 왜 못 끊느냐'라는 거지. 나보다 못난 사람 앞에서는 교만이요, 나보다 잘난 사람 앞에서는 열등감이 돼. 끊임없는 비교의식 속에서 내 영혼이 메말라가는지도 모르고 살아가게 된다고."

청년이 답했습니다.

"교수님, 그럼 저는 어떻게 하면 좋을까요?"

"그 여인을 마음을 다해서 사랑해봐. 그녀를 위해서 편지를 쓰고, 돈을 모아 선물도 사주고, 노래를 만들어 연주도 해줘. 마음을 다해서 한번 사랑해봐.”

일 년 후에 그 청년이 다시 교수님을 만났습니다. 교수님이 중독에 대해 묻자, 청년은 웃으며 끊어졌다고 답했습니다. 그래서 교수님이 다시 물었습니다.

“어떻게?”

그러자 청년이 환한 얼굴로 대답했습니다.

“교수님 말대로 마음을 다해 그녀를 사랑해보니까 없어졌어요.”

말씀은 우리가 십자가에서 죽었고 우리 안에는 예수님이 사신다고 분명하게 말합니다. 그로인해 우리는 내가 중독되었던 것들에서 자유롭게 됩니다. 단지 내 안에 계신 예수님을 사랑했을 뿐인데 어느새 내 인생은 바뀌게 됩니다. 죄는 내가 끊으려고 애쓴다고 끊어지지 않습니다. 그저 예수님을 더욱 사랑하려고 해 보십시오. 그분을 사랑하면 포기하려고 노력하거나 애쓰는 것이 아니라 저절로 포기하게 됩니다.

많은 사람이 예수님을 믿게 되면 자신이 하고 싶은 것을 하지 못한다고 생각합니다. 표면적으로는 예수님을 믿으며 사는 삶이 불쌍하게 느껴집니다. 하고 싶은 것은 못 하고, 하기 싫은 것은 해야 하는 삶은 불행한 인생입니다. 그런데 진짜 예수님으로 사는 사람은 그렇지 않습니다. 그들은 단지 더 좋은 것을 선택할 뿐입니다. 내가 하고 싶은 것보다 예수님이 더 좋기 때문입니다.

예수님께서 원하지 않으셔서 내가 하고 싶던 일을 못 했던 적이 있나요? 여전히 슬펐나요? 아니면 그것마저도 기쁨이 되었나요? 어땠는지 쓰고 나누어 보세요.

05

죽음을 통한 승리

핵심요약

1. 예수님께서 주시는 승리의 삶은 예수님이 원하시는 삶을 살 때 경험할 수 있습니다.
2. 우리는 죽음을 통해 죄인인 나로 사는 것이 아니라 하나님의 자녀로 영광스럽게 살게 됩니다.
3. 하나님의 자녀로 사는 삶은 어려워 보이지만, 순종하면 승리의 변화를 경험할 수 있습니다.

죽음은 슬픈 일처럼 보입니다. 나는 죽고 예수로 사는 삶도 내 마음대로 살 수 없으니 불행하다고 생각할 수 있습니다. 학교도, 직장도, 결혼도, 내 마음대로 할 수 있는 것이 없어진다고 생각할지도 모릅니다.

그러나 죽음은 결코 슬픈 것이 아닙니다. 예수님도 십자가에서 죽으셨습니다. 죽음이 있었기에 영광스러운 부활도 있었습니다. 우리의 자아가 십자가에 못 박혔기 때문에 우리는 다시 영광스럽게 살 수 있습니다. 이제 죄인되었던 내가 아니라 하나님의 자녀로서 사는 것입니다.

주님이 주시는 승리의 삶 1

고등부의 한 여학생이 어릴 때 부모님이 모두 돌아가셔서 고모 밑에서 자랐습니다. 그 고모는 조카들을 키우느라 시집도 못 가고 온갖 고생을 하며 살았습니다. 학생은 고모의 희생을 알았지만 날이 갈수록 심해지는 고모의 잔소리에 반항심이 생겼습니다. 특히 고모는 교회에 다니는 것을 반대했습니다. 학생은 고모의 반대를 견딜 수 없었습니다. 그래서 집에만 오면 숨이 막혔고 계속해서 고모와 싸웠습니다. 그런데 교회에서 기도할 때면 언제나 고모와 싸운 것 때문에 마음이 아팠습니다. 그것은 학생의 가장 큰 회개의 제목이기도 했습니다.

그러던 어느 날 그 학생은 교회에서 "우리가 죽어야 우리 대신에 예수님께서 역사하신다."는 설교를 듣고 큰 은혜를 받았습니다. 그 순간 '나 대신 예수님께서 우리 고모를 만나 주시면 얼마나 좋을까…….'라는 생각이 들었습니다. 예배를 마친 후 집으로 돌아간 학생은 현관 문고리를 잡고 기도했습니다.

"하나님, 저는 고모를 만나면 싸우지 않을 자신이 없습니다. 저 대신 주님이 우리 고모를 만나 주세요."

기도를 마치고 문을 여는 순간, 영락없이 미간을 잔뜩 찌푸린 고모가 잔소리를 퍼부었습니다. 그런데 그 잔소리를 듣는 학생의 마음이 이상하게도 전과 달랐습니다. 이전 같았으면 같이 대들며 반항했을 텐데 그날따라 잔소리를 퍼붓는 고모의 주름진 얼굴이 눈에 들어왔습니다. 학생은 고모의 얼굴을 보고 왈칵 눈물이 쏟아졌습니다. 학생은 소리를 질러대는 고모를 꽉 껴안았습니다. 그리고 깜짝 놀란 고모에게 말했습니다.

"고모, 고모 많이 늙었어! 우리 때문에 너무 많이 늙었어!"

고모는 예상치 못한 조카의 말과 행동에 당황했습니다. 고모는 그 순간 가슴에서 오랫동안 응어리져 있던 것이 풀어지는 기분을 느꼈습니다. 그날 고모와 조카는 서로 부둥켜안고 한참을 울었습니다. 예수님께서 조카를 통해서 여인의 삶을 치유하시고 해방하신 순간이었습니다. 그날 이후 고모는 조카를 따라서 교회에 나갔고 지금은 교회의 충성스러운 집사님이 되어 주님을 섬기고 있습니다.

주님이 주시는 승리의 삶 2 포항에 있는 한동대학교가 설립될 당시의 이야기입니다. 한동대학교라는 기독교 대학 설립에 반대하는 사람들이 주요 일간지에 '한동대 설립 반대 성명서'를 냈습니다. 당시 한동대 설립을 이끌고 있었던 김영길 총장에게 당혹스러운 일이었습니다. 그러나 김영길 총장은 흔들리지 않았습니다. 《갈대상자》라는 책에서 총장이 당시 아내에게 했던 이야기입니다.

"그리스도와 함께 십자가에 못 박힌 우리는 이미 죽은 송장이요. 죽은 송장이 명예 훼손되었다고 벌떡 일어나는 것 봤소? 나는 괜찮아요! 나 김영길이 뭐에 그리 대단한 사람이

오? 내 이름이 뭐 그리 중요하오? 몇십 년이 지나면 아무도 내 이름을 기억하는 사람이 없을 게요. 하나님께 내 이름을 쓰시도록 올려 드렸는데, 그분이 높여 주실 때만 나를 드리고, 낮추실 때는 드리지 않을 작정이었소?"

남편은 태평스레 우스갯소리까지 했다.

"내 이름의 주인 되시는 분이 내 이름을 가지고 볶아 잡수시든지 삶아 잡수시든지 나는 아무 권리가 없소!" (중략)

곰곰 생각해 보면 낙심되고 시험에 드는 이유는 나 자신을 너무 중요하게 여기기 때문이었다. 자존심이 깨어지고 명예가 훼손될지라도, 나를 통해 예수 그리스도가 존귀하게 된다면⋯. 나는 내가 두려워하는 것들에게서 자유하는 법을 조금씩 배워 나갈 수 있었다.

《갈대상자》, 김영애

그 이후 한동대학교는 여러 차례 어려움을 겪었지만 이후에는 명문 기독 대학교로 성장했습니다.

주님이 주시는 승리의 삶 3　　1999년 4월 20일, 미국 콜럼바인 고등학교에서 총기 난사 사건이 있었습니다. 그 자리에서 13명의 학생이 목숨을 잃었습니다. 괴한이 학교를 돌며 학생들에게 총구를 들이대고 "너 하나님을 믿냐?"라고 물었습니다. 그리고 하나님을 믿는다고 하는 사람을 그 자리에서 쏴 죽였습니다.

캐시 버넬Cassie Rene Bernall이라는 열일곱 살 소녀도 총구 앞에서 똑같은 질문을 받았습니다. 소녀는 조금도 망설이지 않고 대답했습니다.

"그래. 난 하나님을 믿어!(Yes, I believe in God!)"

소녀는 그 말을 마치고 총에 맞았고 하나님의 품으로 갔습니다. 그런데 이 순교 사건 이후에 놀라운 일이 일어났습니다. 예수님을 떠났던 미국의 청소년들이 예수님께 돌아오기 시작했습니다. 미국 청소년들은 'Yes, I believe in God!'라는 문구가 쓰인 티셔츠를 입고 다니기 시작했습니다. 그리고 학교 안에서 기도 모임이 생겨나고 부흥이 일어났습니다. 매일 아침, 학교 국기 게양대 앞에서 학교와 나라를 위해서 기도하는 "게양대 앞에서 만나자(See you at the pole)"라는 운동이 시작되었습니다.

이것이 우리가 예수님과 함께 십자가에 죽었다는 진리를 받아들였을 때, 하나님께서 그 죽음을 통해서 일하시는 방식입니다.

Q.1

세 가지 이야기를 읽고 느낀점을 써 보세요.

Q.2

내가 십자가에 죽었음을 받아들였을 때, 예수님께서 나를 통해 이루실 일이 어떤 것이 있는지 쓰고 나누어 보세요.

CHAPTER 4 나는 죽고 예수는 살고

소그룹 나눔

4단원 안내

예수님의 사람 제자훈련에서 기초가 되는 단원이며 가장 중요한 단원입니다. 무엇보다 인도자가 철저하게 십자가의 복음 앞에 서서 학생들에게 증거하는 것이 필요합니다. 복음이 기쁜 소식인 이유는 삶의 주인이 나에게서 예수님으로 바뀌었기 때문입니다. '나는 죽고 예수는 살고'의 십자가 복음은 신앙의 완성이 아닌 신앙의 출발입니다. 놀라운 승리의 삶을 살게 되는 것입니다.

마음 열기
(7분)

1. 지난 한 주를 어떻게 보냈나요? 돌아가면서 반원들과 나누어 보세요.
  ⇨ 재밌었던 일, 혹은 힘들었던 일 등 가벼운 일상에 대한 질문에 돌아가며 대답하고 자연스럽게 자신의 삶을 나누도록 유도합니다.

2. 시작기도를 하고 본격적인 소그룹 나눔을 시작합니다.
  ⇨ 매주 학생들이 돌아가면서 시작기도를 할 수 있도록 합니다.

기초 다지기
(3분)

1. 지난 단원을 복습해 봅시다.
⇨ 인도자가 학생들에게 질문하고 학생들이 대답함으로 지난 단원의 내용을 상기시켜 줍니다.
a. 우리가 구원받은 확실한 증거는? ⇨ 우리 안에 계신 예수 그리스도
b. 내 안에 찾아오신 예수님은 누구? ⇨ 성령님
c. 예수님을 주로, 하나님을 아버지로 부르고 일상에서 은혜를 경험할 수 있게 하는 분은? ⇨ 성령님
d. 용서와 사랑의 마음, 하나님을 기쁘게 하고 싶은 마음, 예수님을 전하고 싶은 마음을 주시는 분은? ⇨ 성령님

2. 지난주 출석과 예습, 암송, 예수동행일기, 기도, 말씀묵상을 충실히 했는지 같이 점검해 봅니다.

3. 성경 암송 과제를 함께 암송합니다. 암송 구절: 갈라디아서 2장 20절
⇨ 내가 그리스도와 함께 십자가에 못 박혔나니 그런즉 이제는 내가 사는 것이 아니요 오직 내 안에 그리스도께서 사시는 것이라 이제 내가 육체 가운데 사는 것은 나를 사랑하사 나를 위하여 자기 자신을 버리신 하나님의 아들을 믿는 믿음 안에서 사는 것이라

나 눔 (80분)

01 내 마음의 주인 (P.110)

Q. 내 마음의 주인이 바뀌었나요? 내 마음의 주인이 누구인지 쓰고 나누어 보세요.

핵심요약

1. 예수님을 믿어도 변화가 일어나지 않는다면 우리의 마음에 예수님이 손님으로 계신 것입니다. 예수님을 우리 마음의 주인으로 모셔야 합니다.
2. 우리의 옛사람은 이미 십자가에서 예수님과 함께 죽었습니다. 그리고 새사람으로 다시 태어났습니다.
3. 내 삶의 주인이던 내가 죽고, 예수님으로 주인이 바뀌게 되면 진정한 변화가 찾아옵니다.

02 죽어야 사는 자아 (P.114)

Q. 내 마음대로 행동했다가 일이 꼬이거나 잘못되었던 경험을 쓰고 나누어 보세요.

핵심요약

1. 우리의 삶의 문제는 부모님, 친구, 세상 때문이 아니라 나의 뜻대로 살기 때문입니다.
2. 우리는 '죄'라는 본성을 가졌기 때문에 우리가 삶의 주인이 되면 반드시 불행해집니다.
3. 성경은 이 문제가 예수 그리스도와 함께 십자가에 못 박혀 죽음으로 해결된다고 말합니다.

03 이미 죽은 자로 여겨라 (P.117)

Q. 사도 바울과 같은 사망선고서를 작성해 보시기 바랍니다.

핵심요약

1. 우리가 노력해도 죽은 사람처럼 여겨지지 않는 것은 우리의 옛 습관 때문입니다. 우리는 내 모습이 아니라 말씀을 믿어야 합니다.
2. 사도 바울도 예수님과 함께 이미 죽었음을 인정하는 고백을 했습니다. 우리도 자신에게 사망 선고를 내리고 십자가에서 예수님과 함께 죽었음을 받아들여야 합니다.
3. 우리는 날마다 예수님과 함께 죽었다는 진리를 붙들고 살아야 합니다.

04 나는 죽고 예수로 사는 (P.123)

Q. 예수님께서 원하지 않으셔서 내가 하고 싶던 일을 못 했던 적이 있나요? 여전히 슬펐나요? 아니면 그것마저도 기쁨이 되었나요? 어땠는지 쓰고 나누어 보세요.

핵심요약

1. 그리스도인의 삶은 죽음으로 끝나는 것이 아니라, 예수님과 사는 것으로 시작됩니다.
2. 예수님으로 사는 삶은 예수님이 원하시는 일은 하고, 예수님이 원하지 않으시는 일은 하지 않는 삶입니다.
3. 이 삶은 노력해서 이뤄지는 것이 아니라 예수님을 사랑하게 되면 자연스럽게 일어나는 일입니다.

05 죽음을 통한 승리 (P.127)

Q. 내가 십자가에 죽었음을 받아들였을 때, 예수님께서 나를 통해 이루실 일이 어떤 것이 있는지 쓰고 나누어 보세요.

핵심요약

1. 예수님께서 주시는 승리의 삶은 예수님이 원하시는 삶을 살 때 경험할 수 있습니다.
2. 우리는 죽음을 통해 죄인인 나로 사는 것이 아니라 하나님의 자녀로 영광스럽게 살게 됩니다.
3. 하나님의 자녀로 사는 삶은 어려워 보이지만, 순종하면 승리의 변화를 경험할 수 있습니다.

마무리
(10분)

⇨ 먼저 단원의 내용을 간단히 정리합니다.

1. 친구들에게 자신의 기도제목을 나눕니다. 자신과 다른 친구들의 기도제목을 이곳에 적어봅시다.

⇨ 개인 기도제목을 돌아가면서 나누고 인도자가 단원 주제에 맞는 기도제목을 제시하고 함께 기도합니다. 마지막으로 인도자가 마무리 기도하고 주기도문으로 마칩니다.

2. 다음 주 성경 암송 구절: 요엘 2장 28절

그 후에 내가 내 영을 만민에게 부어 주리니 너희 자녀들이 장래 일을 말할 것이며 너희 늙은이는 꿈을 꾸며 너희 젊은이는 이상을 볼 것이며

⇨ 다음 단원을 짧게 소개합니다. 다음 주 성경 암송 구절을 같이 읽어본 후, 꼭 외워올 수 있도록 독려합니다.

그 후에 내가 내 영을 만민에게 부어 주리니
너희 자녀들이 장래 일을 말할 것이며
너희 늙은이는 꿈을 꾸며
너희 젊은이는 이상을 볼 것이며

요엘 2장 28절

성령충만한 사람

성령의 9 열매

ITEMS FO

01

우리 시대에 임한
두 가지 부흥

핵심요약

1. 마지막 시대에는 죄의 역사와 성령의 역사가 더욱 분명하게 나타납니다.
2. 중요한 것은 내가 죄의 역사와 성령의 역사 중 어떤 흐름 속에 있는가입니다.
3. 늘 성령의 역사 안에 깨어있기 위해서는 성령충만을 구해야 합니다.

기독교 역사에서 성령의 부흥은 예수님이 부활하신 이후에 나타나기 시작했습니다. 오순절 마가의 다락방에 모여 있던 120명의 제자에게 불같은 성령님이 임했습니다. 사도행전 2장 2-4절 말씀을 보면 하늘에서 강한 바람 같은 소리가 나더니 다락방을 가득 채웠다고 표현합니다. 그리고 모두 성령으로 충만해져서 각기 방언으로 말하기 시작했다고 기록되어 있습니다.

이 성령의 역사는 초대교회를 통해 더욱 강하게 퍼져 나갔습니다. 이후 이러한 부흥이 18세기부터 세계 곳곳에서 다시 일어났습니다. 영국에서는 1738년에 존 웨슬리[John Wesley]를 통해 강력한 성령의 역사가 일어났고, 18-19세기 영국과 미국을 중심으로 강한 성령의 역사가 있었습니다. 우리나라도 예외는 아니었습니다. 1907년에 길선주 목사를 통해 한국 교회에 놀라운 성령의 역사가 있었습니다.

회개의 역사   1907년 1월 6일, 평양 장대현교회에서 사경회를 위한 새벽기도회를 인도하던 중에 길선주 목사님은 대중 앞에서 다음과 같이 회개했습니다. 당시 길선주 목사님은 목사안수를 받기 바로 직전이었습니다.

"나는 아간과 같은 자입니다. 하나님께서는 나 때문에 복을 주실 수가 없습니다. 약 1년 전에 친구가 임종할 때, 나를 자기 집으로 불러서 말하기를 '길 장로, 나는 이제 세상을 떠나니 내 집 살림을 돌봐 주시오.'라고 부탁했습니다. 나는 잘 돌봐 드릴 터이니 염려하지 말라고 했습니다. 그러나 나는 친구의 재산을 관리하며 미화 100달러 상당을 훔쳤습니다. 내가 하나님의 일을 방해한 것입니다. 내일 아침에는 그 돈을 죽은 친구의 부인에게 돌려 드리겠습니다."

길선주 목사님의 회개를 시작으로 수많은 교인의 회개가 터져 나왔습니다. 예상치 못했던 회개 집회는 일주일 동안 지속되었고 소문을 들은 경찰이 흉악범을 잡으러 집회에 참석했다가 자신도 회개하고 예수를 믿게 된 일화도 있었습니다. 수백 명의 성도가 자신의 죄를 대중들 앞에서 구체적으로 자복하며 눈물로 회개했습니다. 이를 목격한 한 여자 선교사는 "입으로 고백하기 어렵고 상상할 수 없는 무섭고 추악한 죄들이 쏟아져 나왔다. 마치 지옥 지붕이 젖혀진 것 같은 착각이 들 정도였다."라고 표현했습니다.

회개의 불길은 학생들에게도 임했습니다. 숭의여학교, 숭덕학교에서 설교를 들은 학생들이 큰 은혜를 받아 수업을 중단하고 오후 1시까지 기도회를 했다고 합니다. 평양에서 일어난 한 사람의 회개는 전국적인 회개 운동으로 번졌고, 이후에 전도 운동이 활발해져서 백만 명의 영혼을 구원하자는 운동으로 이어졌습니다. 그뿐만 아니라 이 일을 계기로 믿음이 굳건해져 일제의 모진 박해와 수난을 견디고 전진할 수 있었습니다. 길선주 목사님의 회개가 평양 대부흥의 출발점이 된 것입니다.

이처럼, 길선주 목사를 시작으로 우리나라에도 성령의 역사가 계속 일어나고 있습니다. 그러나 동시에 어떤 곳에서는 죄악을 좋아하고 쫓아가는 부흥도 계속 일어나고 있습니다. 이 두 가지 부흥은 성경에 이미 예언되어 있습니다.

죄악의 역사 2010년대, 전 세계적으로 최고의 인기를 끌던 미국의 팝 아티스트 레이디 가가Lady GaGa라는 가수가 있었습니다. 레이디 가가는 콘서트 도중에 특이한 행동을 하는 것으로 유명했습니다. 피를 뿌리기도 하고 대마초를 흡연

하기도 했습니다. 또한 성행위를 묘사하는 춤을 추기도 하고 동성애를 옹호하는 가사를 쓰기도 했습니다. 2012년에 우리나라에서도 콘서트를 개최했습니다. 콘서트를 앞두고 한 교회의 청소년들 안에 기도해야겠다는 마음이 생겨났습니다. 학생들이 전도사님과 함께 이를 위해 기도할 때 하나님께서 모두에게 주시는 분명한 마음이 있었습니다. 콘서트장에 어떤 선한 일이 생겨야 승리하는 것이 아니라, 안타까운 현실에 대해서 마음 아파하며 선한 것을 깨달을 수 있도록 간절히 기도하는 것 자체가 이미 승리라는 것이었습니다. 학생들은 안타까워하며 우리 민족을 용서해 주시기를 기도했습니다. 죄악을 즐거워하는 모임이 있는가 하면, 동시에 하나님의 마음으로 기도하는 뜨거운 부흥의 모임도 있는 날이었습니다.

디모데후서 3장 1-5절을 써 보세요.

1 너는 이것을 알라 말세에 고통하는 때가 이르러 2 사람들이 자기를 사랑하며 돈을 사랑하며 자랑하며 교만하며 비방하며 부모를 거역하며 감사하지 아니하며 거룩하지 아니하며 3 무정하며 원통함을 풀지 아니하며 모함하며 절제하지 못하며 사나우며 선한 것을 좋아하지 아니하며 4 배신하며 조급하며 자만하며 쾌락을 사랑하기를 하나님 사랑하는 것보다 더하며 5 경건의 모양은 있으나 경건의 능력은 부인하니 이같은 자들에게서 네가 돌아서라

요엘 2장 28-29절을 써 보세요.

28 그 후에 내가 내 영을 만민에게 부어 주리니 너희 자녀들이 장래 일을 말할 것이며 너희 늙은이는 꿈을 꾸며 너희 젊은이는 이상을 볼 것이며 29 그 때에 내가 또 내 영을 남종과 여종에게 부어 줄 것이며

우리가 사는 시대는 두 가지 형태의 부흥, 곧 죄악의 부흥(세상충만)과 성령의 부흥(성령충만)이 빠르고 뚜렷하게 이뤄지고 있습니다. 성경의 예언대로 마지막 때의 세상은 점점 더 두 부흥의 열기로 갈라지고 있습니다. 사도 바울이 말한 것처럼 말세가 될수록 죄악이 부흥하고 있습니다. 그러나 반대로 성령의 부흥도 함께 일어나고 있습니다.

성령의 부흥   2011년 9월 23일, 중앙일보에 이런 칼럼이 실렸습니다.

"지난여름 100여 명의 청소년이 세숫대야를 들고 강원랜드 일대로 봉사활동을 떠났다. 발을 씻어주는 봉사를 통해 도박중독으로 얼룩진 어른들의 마음을 깨끗하게 닦아준다는 취지였다. 비가 내리는 오전 6시, 가족들도 더 이상 찾지 않는 도박 중독자들을 밤새도록 기다리며 아이들은 빗물처럼 울었다. 도박에 빠진 철없는 어른들이 불쌍해서였다. 아이들의 세족식이 도박에 빠진 어른 중 한 사람의 발길이라도 되돌릴 수 있기를 염원해 본다."

2011년에 130여 명의 청소년들이 선교를 위해 정선으로 특별한 여름 수련회를 다녀왔습니다. 가장 중점적인 사역은 강원랜드 카지노 앞에서 사람들의 발을 씻어주는 사역이었습니다. 카지노 근처에서 노숙하며 구걸하고 그 돈으로 또 도박하는 일명 '카지노 앵벌이'가 1,000여 명이 넘고, 매달 도박으로 인한 자살자가 나오고 있었습니다. 청소년들은 그 땅에서 예수님의 마음으로 그들의 발을 씻어주는 사역을 했습니다. 가장 죄가 극심히 일어나는 곳에서 예수님의 사랑을 전했습니다. 수련회 마지막 날에는 야외 노천극장에서 청소년들과 어른 400여 명이 함께 모여서 집회를 열었습니다. 비가 왔지만 400여 명이 춤을 추며 하나님을 찬양했습니다. 그리고 강원랜드를 바라보면서 자살의 영, 도박의 영, 물질 숭배에 빠진 이 나라를 위해 눈물로 간절히 기도했습니다. 이 땅에서 암 덩어리처럼 죄악이 선명하게 드러난 그 자리에서 순종하는 자들을 통해 놀라운 하나님의 은혜와 역사가 일어났습니다.

이렇듯 마지막 때에는 죄악의 부흥과 성령의 부흥이 동시에 일어납니다. 중요한 것은 "나는 지금 어느 부흥의 흐름에 속해 있나"입니다.

나는 두 가지 부흥의 흐름 중에서 어느 흐름에 속해 있나요? 그렇게 생각하는 이유가 무엇인지 쓰고 나누어 보세요.

구하는 자에게 주시는 성령

핵심요약

1. 그리스도인이라면 누구나 성령의 충만함을 받아야 합니다. 그것이 주님이 원하시는 것입니다.
2. 성령충만은 성령님의 전적인 능력으로 이뤄지는 일입니다. 우리가 해야 할 것은 성령을 간절히 사모하는 것입니다.
3. 성령이 충만한 삶은 반드시 성령의 열매를 맺게 됩니다.

머리로만 아는 성령님

한 목사님이 계셨습니다. 목사님은 '성령을 구하라.'는 누가복음 11장 13절의 말씀을 묵상하면서 의문이 생겼습니다. '이미 우리 안에 예수님께서 성령으로 계시는데 무슨 성령을 또 구하라고 하는 거지?'라는 생각이 들었습니다. 그런데 그때, 성령님께서 목사님의 마음에 애통하는 마음을 주셨습니다. 성령님을 늘 모시고 있다고 믿어왔지만 정작 목사님의 삶은 성령님과 전혀 상관없는 것처럼 살아왔다는 것이 깨달아졌기 때문입니다. 그때 목사님은 회개가 터져 나왔습니다. 목사님은 성령님이 자신 안에 더욱 충만하게 임하셔야 함을 느꼈습니다. 목사님은 이렇게 계속 목소리 높여 기도했습니다.

"주여, 나는 성령에 목마릅니다. 내게 성령을 충만히 부어주옵소서!"

이처럼 '성령충만'은 자기 뜻대로 사는 삶이 아니라, 성령님과 친밀히 교제하며 더 잘 살도록 우리의 마음을 완전히 새롭게 해줍니다. 우리는 '성령충만'이란 말을 들어봤을 겁니다. 그런데 성령의 충만함을 구하는 사람은 실제로 많지 않습니다. '있으면 좋고, 없으면 말고'식으로 성령충만을 생각한다면 매우 잘못된 생각입니다. 진짜 성령의 충만함을 간절히 사모하며 구하기보다는 왜 성령의 충만함을 받아야 하는지 모르는 사람도 있습니다. 심지어 그럴 필요도 없다고 생각합니다. 그러나 그리스도인이라면 누구나 성령을 충만하게 받아야 합니다. 성령충만은 우리를 향한 주님의 약속이자 소원입니다. 주님은 우리가 성령으로 충만하기를 간절히 원하십니다.

그렇다면 어떻게 성령을 충만히 받을 수 있을까요? 어떤 특별한 방법이 있는 것은 아닙니다. 성령충만은 성령님의 전적인 능력으로 이뤄지는 일이기 때문입니다. 그럼에도 불구하고 성경은 성령충만을 받는 데 중요한 조건이 있다고 말합니다.

누가복음 11장 13절을 써 보세요.
13 너희가 악할지라도 좋은 것을 자식에게 줄 줄 알거든 하물며 너희 하늘 아버지께서 구하는 자에게 성령을 주시지 않겠느냐 하시니라

어떤 사람에게 성령을 주시겠다고 약속하셨나요?

성령충만한 삶은 나는 죽고 예수로 사는 삶을 도우시는 하나님의 능력입니다. 그러므로 성령충만은 하나님의 놀라운 선물입니다. 참된 그리스도인으로 살고자 하는 마음이 있다면 기록된 말씀대로 성령을 간절히 사모해야 합니다. 성령을 간절히 사모하면 하나님께서는 우리에게 성령을 충만히 부어주십니다.

Q.3

언제 성령충만을 달라고 기도했나요?

　　하나님은 간절히 구하는 자에게 성령의 충만함을 선물로 주십니다. 그렇다면 성령의 충만한 삶은 구체적으로 어떤 삶일까요? 성령의 충만함을 받으면 우리의 마음속에 변화가 생깁니다. 왜냐하면 이전의 삶보다 성령님이 내 안에서 더 많이 역사하시기 때문입니다. 그러므로 성령충만한 사람은 반드시 성령의 열매를 맺습니다. 삶이 달라졌기 때문에 구체적인 성령의 열매가 맺히는 것입니다. 내가 성령의 충만한 모습으로 살아가고 있는지를 점검해봐야 합니다.

Q.4

갈라디아서 5장 22-23절을 써 보세요.

²² 오직 성령의 열매는 사랑과 희락과 화평과 오래 참음과 자비와 양선과 충성과 ²³ 온유와 절제니 이같은 것을 금지할 법이 없느니라

내가 성령의 충만한 모습으로 살아가고 있는지 체크해 봅시다.

- 내 마음에 사랑이 충만한가?　　　☐ Yes　☐ No

- 내 마음에 기쁨이 충만한가?　　　☐ Yes　☐ No

- 내 마음에 평화가 충만한가?　　　☐ Yes　☐ No

- 내 마음에 인내가 충만한가?　　　☐ Yes　☐ No

- 내 마음에 친절이 충만한가?　　　☐ Yes　☐ No

- 내 마음에 선함이 충만한가?　　　☐ Yes　☐ No

- 내 마음에 충성이 충만한가?　　　☐ Yes　☐ No

- 내 마음에 온유가 충만한가?　　　☐ Yes　☐ No

- 내 마음에 절제가 충만한가?　　　☐ Yes　☐ No

03

성령충만에 대한 오해

핵심요약

1. 성령충만은 신비로운 현상이나 감정이 동요되는 현상이 아닙니다.
2. 성령충만은 구하기만 하면 누구나 받을 수 있습니다.
3. 성령충만은 내 안에 계신 예수님께 완전히 순종하고자 하는 마음입니다.

Q.1

‘성령충만’ 하면 떠오르는 단어나 모습을 써 보세요.

성령충만과 느낌　　　　어느 목사님의 이야기입니다. 그 목사님은 하나님께서 맡겨주신 교회와 성도들을 위해 열심히 기도했습니다. 특별히 새벽마다 주님께 성령충만과 능력을 구했습니다. 그것이 없이는 사역을 감당할 수 없음을 알았기 때문입니다. 하루는 새벽예배를 마치고 강단 앞에서 간절히 기도하는데 특별한 경험을 했습니다. 누군가가 목사님의 머리에 손을 얹고 안수를 해주는 것 같이 너무도 생생하고 확실한 느낌이 들었습니다. 목사님은 "드디어 하나님이 내게 성령충만을 주시는구나! 친히 안수해주시는구나!"라고 생각했습니다. 하나님의 손길이라고 생각했던 목사님은 정말 기뻤습니다. 늘 꿈꿔왔던 성령충만을 받은 것이었습니다. 목사님은 기쁜 마음에 자기 손을 머리에 얹었습니다. 황홀한 영적 체험을 더 깊이 누리고 싶었습니다. 그런데 목사님은 화들짝 놀랐습니다. 하나님의 손이 있어야 할 머리 위에는 다른 물체가 있었습니다. 그것은 바로 바퀴벌레였습니다. 목사님은 온종일 씁쓸하고 허탈했습니다.

많은 사람이 성령충만을 원하지만 이것에 대해 오해하고 있습니다. 성령충만을 육체에 신비로운 현상이 일어나는 것으로 생각합니다. 병든 사람을 고치고, 귀신들린 사람에게서 귀신을 쫓아내는 역사가 성령충만한 사람에게서 나타나는 증거라고 생각합니다. 또한 교회 안에서 방언을 못 하면 성령충만하지 않다고 여기는 분위기도 있습니다. 성령충만의 기준이 눈물이라고 생각하는 학생도 있습니다.

성령충만과 눈물   전도사님이 어느 학생에게 "요즘 성령충만 하니?"라고 인사를 건넸습니다. 그러자 그 학생은 시무룩한 표정으로 "아니요."라고 대답했습니다. 그 이유를 물어보자 학생은 "요즘엔 기도하거나 찬양을 부를 때 눈물이 안 나와요. 예전에는 많이 나왔는데…."라고 답했습니다.

내가 열심히 노력하고 수고하면 성령충만을 얻게 된다고 생각하는 사람도 많습니다. 방언을 받고 신비한 능력을 얻기 위해 목이 쉬도록 기도하고 몸이 상하도록 금식하기도 합니다. 찬양할 때마다 눈물이 나오고 한번 기도할 때 몇 시간씩 꼼짝하지 않고 기도해야 성령충만한 사람일까요? 또는 성경을 많이 읽거나 매일 교회에 나와 봉사해야만 성령충만한 사람일까요?

한편, 어떤 학생은 조용한 자신의 성격과 성령충만은 잘 맞지 않아서 성령충만이 필요 없다고 했습니다. 성령충만은 성격과 필요에 따라 구하는 것일까요? 성경에서는 성격이나 특정 대상을 언급하지 않은 채 '성령충만을 받아라!'라고 말하고 있습니다. 그리스도인이라면 누구나 성령을 충만히 받아야 합니다.

'성령충만'이란   존 웨슬리John Wesley가 성령을 체험하고 영국 교회에 성령 운동을 일으키자 그의 모교인 옥스퍼드 대학에서 교수들이 그를 불렀습니다. 그가 벌이고 있는 성령 운동이라는 것이 도대체 무엇인지 들어보기 위해서였습니다. 웨슬리는 교수들이 모인 자리에서 "성령충만을 받으시오"라는 제목으로 말씀을 전했습니다. 교수들은 지성인인 자기들 앞에서 그런 설교 제목은 곤란하다며 난감해했습니다. 그러자 웨슬리가 이렇게 대답했습니다.

"옥스퍼드의 대학교 교수님들! 예수님의 제자들은 예수님을 만났고 예수님의 말씀을 직접 들었으며 예수님과 함께 먹었습니다. 그리고 그들은 직접 죽은 자가 살아나는 기적도 봤습니다. 그런데도 예수님은 제자들에게 '성령을 받으라.'라고 명하셨습니다. 교수님들은 예수님을 직접 만난 적이 있습니까? 예수님과 함께 식사했습니까? 예수님의 기적을 직접 보기라도 하셨습니까? 예수님을 직접 만나고, 함께 먹고, 기적을 목격했던 제자들도 성령이 임하여 권능을 받은 다음에야 영혼을 건질 수 있었는데, 그렇다면 여러분이야말로 반드시 성령충만을 받아야 하나님의 종으로 쓰임 받을 수 있지 않겠습니까?"

웨슬리의 설교를 들은 교수님들은 마음에 큰 변화가 있었습니다.

우리는 성령충만에 대해 많은 부분을 오해하고 있습니다. 그렇다면 무엇이 성령충만일까요? 성령충만은 내 안에 계신 예수님을 대하는 태도입니다. 내 안에 계신 예수님께 완전히 순종하고자 하는 마음이 성령충만입니다. 눈으로 보이는 특별한 현상이나 체험이 없더라도 내 마음에 "하나님 말씀이면 무엇이든 순종하겠습니다."라고 고백할 수 있는 사람은 성령충만한 사람입니다.

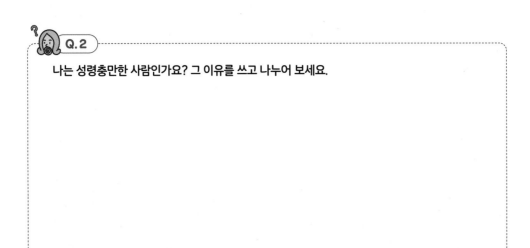

나는 성령충만한 사람인가요? 그 이유를 쓰고 나누어 보세요.

04

순종의 기쁨

핵심요약

1. 많은 사람이 순종하면 자기 마음대로 살 수 없을 것 같아 순종을 두려워합니다. 그러나 완전한 순종은 내가 할 수 없는 것을 강요하는 것이 아닙니다.
2. 하나님은 우리의 것을 뺏어가시는 분이 아니라 더 좋은 것을 주시는 분입니다. 순종은 우리에게 가장 좋은 것을 주시려는 하나님의 계획 안에서 이뤄집니다.
3. 하나님은 우리에게 가장 좋은 것을 주신다는 사실을 분명히 믿을 때, 우리는 완전히 하나님께 순종할 수 있게 됩니다.

순종의 기쁨

성 프란시스코 Saint Francis가 어느 날 말을 타고 혼자 교회로 가는데 맞은편에서 문둥병자가 절룩절룩 오고 있었습니다. 프란시스코가 제일 무서워하던 것이 문둥병자였습니다. 처음에는 무서워서 말머리를 돌려서 도망치려 했습니다. 그런데 하나님께서 그 문둥병자를 포옹하고 그 입에다 입을 맞추라는 마음을 주셨습니다. 우리가 볼 때 큰 사건이 아닌 것 같지만 프란시스코에게는 순종하기 어려운 일이었습니다. 그러나 하나님의 말씀에 순종하고자 결심했을 때, 하나님의 도우심으로 말에서 내려 문둥병자를 포옹하고 입을 맞출 수 있었습니다. 어려운 일에 순종한 프란시스코에게 하나님께서 큰 기쁨을 주셨습니다.

'순종!' 이 단어를 들으면 어떤 생각이 드나요? 왠지 모르게 부담스럽고 내가 할 수 없는 일만 시킬 것 같고, 내가 좋아하는 것, 또 나의 즐거움은 다 앗아갈 것 같은 그런 두려움의 단어는 아닌가요? 순종이라는 단어는 신앙생활 하는데 우리의 마음을 어렵게 하는 단어 중의 하나입니다. 우리는 순종이 두렵습니다. 왜일까요?

그 이유는 바로 순종은 고생이라고 오해하는 우리의 생각 때문입니다. 많은 청소년이 순종에 대해 이렇게 말합니다. "하나님이 갑자기 저를 신학교에 가라고 하시면 어떡하죠? 기쁘게 순종할 수 없을 것 같아요. 하나님이 저를 북한 선교사로 나가라고 하시면 어떡하죠? 너무 무서워요."

우리는 순종에 대해 크게 오해하고 있습니다. 마치 하나님이 우리를 테스트하듯이 할 수 없는 명령을 우리에게 내리는 것으로 생각하기가 쉽습니다. 그러나 완전한 순종은 두렵거나 내가 '할 수 없는 것'을 강요하는 행위가 아닙니다.

Q.1

창세기 22장 2절을 써 보세요.

² 여호와께서 이르시되 네 아들 네 사랑하는 독자 이삭을 데리고 모리아 땅으로 가서 내가 네게 일러 준 한 산 거기서 그를 번제로 드리라

아브라함은 백 세가 돼서야 아들 이삭을 얻었습니다. 아브라함에게는 누구보다 예쁘고 소중한 아이였습니다. 그런데 하나님은 아브라함에게 왜 이삭을 바치라고 하셨을까요? 하나님께서 진짜로 이삭의 목숨을 원하셨을까요? 정말 그렇다면 아브라함에게 이야기할 필요도 없으셨을 겁니다. 우리는 이 점을 꼭 기억해야 합니다. 하나님은 사실 아무런 상의 없이 돈, 건강, 친구, 생명같이 우리에게 소중한 것을 가져가실 수 있는 분입니다. 그런데 하나님이 아브라함에게 이삭을 바치라고 요구하신 이유는 이삭의 생명을 원하셨기 때문이 아닙니다. 하나님이 원하신 것은 '아브라함의 마음'이었습니다. 하나님이 진정으로 원하시는 것은 우리의 마음입니다. 하나님은 아브라함이 마음으로부터 하는 순종을 보고 싶으셨던 것입니다.

하나님은 절대로 우리에게서 무언가 뺏어 가시는 분이 아닙니다. 반대로 더 좋은 것을 주시는 분입니다. 하나님께서 우리에게 순종하라고 하시는 이유는 우리를 괴롭게 하거나 우리가 좋아하는 것을 가져가시기 위함이 아닙니다. 순종하면 고생하거나 무언가 잃을 것이라는 생각은 잘못된 생각입니다.

순종하지 못하는 이유　《내려놓음》의 저자 이용규 선교사님의 이야기입니다. 선교사님의 아들 동연이가 두 살 때 마트에서 있었던 일입니다. 동연이는 좋아하는 장난감을 골라 꼭 움켜쥔 채 가게를 나오려고 했습니다. 그러나 장난감을 계산하기 위해서는 그것을 계산대에 올려놔야 했습니다. 그래서 점원이 동연이에게 장난감을 받으려고 하자 울며 장난감을 내려놓지 않으려 했습니다. 어린 동연이는 장난감이 진정한 나의 것이 되기 위해서는 잠시 계산대에 내려놓아야 한다는 사실을 몰랐던 것입니다.

순종해야 하는 이유　어느 날 한 아이가 유치원에서 돌아오면서 친구에게 불량식품을 양손에 한가득 받았습니다. 아이는 오색빛깔의 과자들이 맛있어 보였습니다. 그렇지만 아이의 어머니는 아이가 진짜 좋아하는 다른 과자를 이미 가지고 있었습니다. 그래서 아이가 가져온 불량식품을 보고는 손에서 내려놓으라고 했습니다. 아이가 더 좋아하고 건강에도 좋은 간식을 주고 싶었기 때문입니다. 아이는 어머니가 불량식품을 뺏으려는 줄 알고 울기 시작했습니다. 아이가 손에서 불량식품을 내려놔야 진짜 좋아하는 과자를 줄 수 있는데, 우느라 어머니의 말을 알아듣지 못했습니다. 결국 어머니는 한참 후에 과자를 가지고 와서 아이에게 보여 주었고 아이는 그제야 불량식품을 손에서 내려놓았습니다.

　하나님께서는 늘 우리에게 더 좋은 것을 주시길 원하십니다. 때론 우리의 신앙이 너무 어려서 무엇이 우리에게 좋은지 구별하지 못합니다. 아이의 건강은 아이의 어머니가 더 잘 알듯이, 하나님께서는 우리에게 무엇이 더 좋은지 잘 아십니다. 하나님은 우리를 항상 선한 길로 인도하시는 분입니다. 하나님께서 우리에게 가장 좋은 것을 주신다는 믿음이 바로 우리를 완전한 순종으로 이끄는 비밀의 열쇠입니다. 마음을 온전히 드리는 것은 하나님을 완전히 믿으면 가능합니다.

　하나님은 결코 우리에게 나쁜 것을 주시는 분이 아니며 우리에게 가장 좋은 것, 가장 선한 길로 인도하신다는 것을 믿으면 됩니다. 아브라함이 이삭을 하나님께 드릴 수 있었던 이유는 아브라함에게는 가장 좋은 것을 주시는 하나님에 대한 믿음이 있었기 때문입니다.

Q.2

히브리서 11장 18-19절을 써 보세요.

¹⁸ 그에게 이미 말씀하시기를 네 자손이라 칭할 자는 이삭으로 말미암으리라 하셨으니 ¹⁹ 그가 하나님이 능히 이삭을 죽은 자 가운데서 다시 살리실 줄로 생각한지라 비유컨대 그를 죽은 자 가운데서 도로 받은 것이니라

히브리서에는 아브라함의 믿음을 정확하게 기록하고 있습니다. 분명히 하나님께서는 이삭을 약속의 아들로 주셨고, 이삭을 통해 하나님께서 가장 좋은 것을 주시는 분이심을 알았습니다. 설령 이삭이 죽더라도 하나님께서 다시 살리실 것이라는 믿음이 있었습니다.

이렇듯 순종은 하나님을 온전히 믿고 의지하는 것에서 나옵니다. 그리고 우리가 알고 있는 바와 같이 이삭은 죽지 않았고 하나님은 아브라함에게 양까지 예비하셨습니다.

우리의 삶도 마찬가지입니다. 물론 완전한 순종을 하기까지는 많은 갈등과 고민, 어려움이 따르겠지만 순종 후에는 반드시 기쁨이 있음을 믿어야 합니다.

Q.3

하나님은 내가 어떤 마음으로 순종하기를 원하실까요?

05

완전한 순종

핵심요약

1. 완전한 순종은 나의 모든 것을 주님께 드리는 것입니다. 만약 한 가지를 남겨 놓는다면 그것은 완전한 순종이 아닙니다.
2. 성경의 부자 청년에게는 재물이 순종할 수 없는 1%였습니다. 완전한 순종으로 나가지 못하게 하는 1%가 무엇인지 발견해야 합니다.
3. 완전한 순종은 내 것을 잃는 것이 아니라, 예수님을 얻게 되면서 모든 것을 얻게 되는 것입니다.

가장 귀한 것을 드리는 마음

어느 여학생이 성탄절에 말씀을 듣던 중, 예수님께 자신의 전부를 드리고 싶다는 마음이 들었습니다. 이미 가정에서 성탄 헌금을 준비해 왔지만 또 드릴 것이 없는지 주변을 살폈습니다. 그런데 그때 손에 끼고 있던 금반지가 눈에 들어왔습니다. 그 금반지는 학생이 가지고 있던 것 중에 가장 귀한 물건이었습니다. 하지만 학생은 망설임 없이 반지를 빼서 헌금 봉투에 넣고 "하나님, 제가 가진 전부를 드립니다. 기쁘게 받아주세요."라고 적어서 봉헌했습니다.

 Q.1

여러분이 가지고 있는 것 중에 가장 아끼는 물건은 무엇인가요?

 Q.2

하나님께서 지금 가장 아끼는 물건을 가져가신다면, 어떤 마음이 들까요?

대부분의 사람은 하나님께 자신의 전부를 드리는 것을 두려워합니다. 하지만 내가 가진 모든 것을 다 주님께 드릴 수 있어야 완전한 순종입니다. 완전한 순종은 물질적인 것에만 해당하는 이야기는 아닙니다. 다른 것은 다 순종하고 하나님께 드릴 수 있지만, 우리에게는 하나님께 드리고 싶지 않은 단 한 가지가 있습니다. 그 한 가지가 무엇인지는 사람에 따라 각각 다를 수 있습니다. 재물이 될 수도 있고 사람이나 꿈이 될 수도 있습니다. 하지만 그 한 가지를 드릴 수 없다면 완전한 순종이 아닙니다.

마가복음 10장 17-22절 말씀을 읽고 답해 봅시다.

¹⁷ 예수께서 길에 나가실새 한 사람이 달려와서 꿇어 앉아 묻자오되 선한 선생님이여 내가 무엇을 하여야 영생을 얻으리이까 ¹⁸ 예수께서 이르시되 네가 어찌하여 나를 선하다 일컫느냐 하나님 한 분 외에는 선한 이가 없느니라 ¹⁹ 네가 계명을 아나니 살인하지 말라, 간음하지 말라, 도둑질하지 말라, 거짓 증언 하지 말라, 속여 빼앗지 말라, 네 부모를 공경하라 하였느니라 ²⁰ 그가 여짜오되 선생님이여 이것은 내가 어려서부터 다 지켰나이다 ²¹ 예수께서 그를 보시고 사랑하사 이르시되 네게 아직도 한 가지 부족한 것이 있으니 가서 네게 있는 것을 다 팔아 가난한 자들에게 주라 그리하면 하늘에서 보화가 네게 있으리라 그리고 와서 나를 따르라 하시니 ²² 그 사람은 재물이 많은 고로 이 말씀으로 인하여 슬픈 기색을 띠고 근심하며 가니라

부자 청년이 예수님께 물어본 것은 무엇인가요?(17절)
무엇을 하여야 영생을 얻으리이까

예수님께서는 부자 청년에게 무엇을 하라고 말씀하셨나요?(19절)
계명 지키기(살인하지 말라, 간음하지 말라, 도둑질하지 말라, 거짓 증언하지 말라, 속여 빼앗지 말라, 네 부모를 공경하라)

Q.3-3

청년이 계명을 다 지켰다고 하자 예수님께서 청년에게 한 가지 더 요구한 것이 있습니다. 무엇인가요?(21절)

네게 있는 것을 다 팔아 가난한 자들에게 주라

Q.3-4

이 대답을 듣고 청년은 어떻게 했나요?(22절)

슬픈 기색을 띠고 근심하며 가니라

Q.3-5

실제로 청년을 움직인 것(주인)은 누구인가요?

재물

신약성경을 보면 예수님을 찾아온 부자 청년의 이야기가 있습니다. 부자 청년은 예수님을 찾아와서 어떻게 하면 영생을 얻을 수 있는지 물었습니다. 예수님은 계명을 잘 지키라고 말씀하셨습니다. 이 청년은 모든 계명을 어려서부터 다 지켰다고 대답했습니다. 돈도 많고 혈기 왕성한 청년이 하나님의 말씀대로 살려고 애를 썼다는 것은 대단한 일입니다.

그런데 예수님께서는 청년에게 한 가지를 더 제안하셨습니다. "네가 가진 것을 다 팔아서 가난한 사람들에게 주어라. 그리고 와서 나를 따라라." 성경은 청년이 이 말씀 때문에 슬퍼하고 근심하다 떠났다고 말합니다.

이 청년은 다른 것은 다 하나님의 뜻대로 할 수 있다고 생각했습니다. 그런데 단 한 가지, 재물을 포기하는 것은 어려웠습니다. 결국 청년은 예수님의 부르심에 순종할 수 없었습니다. 이 청년을 움직인 것은 무엇입니까? 결코 순종할 수 없는 1%, 이 청년의 주인은 재물이었습니다.

Q.4

군대에서 상관에게 100가지 중 99가지 명령에 복종했습니다. 그러나 단 1가지 명령은 지키지 않았습니다. 명령 복종인가요? 불복종인가요?

Q.5

99% 순종하고, 1% 불순종하면 순종인가요? 불순종인가요?

완전한 순종

에릭 리들 Eric Liddell 은 선교사 자녀로 중국 천진에서 태어났습니다. 그는 중국에서 자랄 때, 먼 거리를 걷고 달리던 습관이 있어서 어린 시절부터 육상에 탁월한 재능을 보였습니다.

그는 에딘버러 대학에 입학한 뒤, 본격적인 육상선수로서 활동을 시작해 영국을 대표하는 단거리 선수가 되었습니다. 에릭은 1924년 제8회 파리올림픽에서 열리는 100m 경기의 유력한 금메달 후보였습니다. 그러나 이 100m 경기 일정이 주일이었습니다. 에릭은 고민했지만 주일을 거룩하게 지키라는 하나님의 말씀에 순종하기로 했습니다. 그래서 그는 100m 경기를 포기했습니다.

에릭이 100m 경기를 포기했다는 소식이 신문을 통해 알려지자 영국 국민의 반응은 매우 차가웠습니다. 신문에서는 그를 '편협하고 옹졸한 신앙인', '조국의 명예를 버린 자'라고 비난했습니다. 불리하고 어려운 상황이었지만 에릭은 주 종목이 아닌 400m 경기에 출전하게 되었습니다. 에릭은 400m 경기를 마치 100m를 달리는 것처럼 임했습니다. 그 결과, 에릭은 세계 신기록으로 우승했습니다. 기자들이 에릭에게 우승의 비결을 물었습니다. 에릭은 "처음 200m는 제 힘으로 최선을 다해 뛰었고 나머지 200m는 주님의 도우심으로 뛰었습니다."라고 답했습니다.

우리는 '내가 정말 모든 것을 드릴 수 있을까?'라고 걱정합니다. 그러나 하나님께서는 순종을 결단하지 않은 사람을 강제로 순종하도록 하지 않으십니다. 그렇지만 순종하겠다고 결심하면 하나님께서 순종할 힘을 주십니다.

완전한 순종은 예수님과 하나가 되는 것을 의미합니다. 무엇을 잃어버린 것이 아니라, 예수님을 얻었으니 모든 것을 얻은 것입니다. 부자 청년은 재산을 지켰던 것이 아닙니다. 예수님을 잃어버렸으니 모든 것을 잃어버린 것입니다. 그가 찾던 영생도 잃어버렸습니다. 자신을 예수님께 드리기로 결단한 사람이 성령충만한 사람입니다.

Q.6

내가 절대 포기하지 못하는 1%는 무엇인가요?

Q.7

이제 그 마지막 1%를 하나님께 드리고 완전히 순종할 결심이 세워졌는지 쓰고 나누어 보세요.

CHAPTER 5 성령충만한 사람

소그룹 나눔

5단원 안내

나는 죽고 예수로 사는 삶이 곧 성령충만한 삶입니다. 성령충만한 사람은 예수님 한 분으로 충분하며 예수님께 전적으로 순종하는 삶을 드립니다. 이것이 그리스도인의 능력이며 십자가의 능력입니다. 제자는 성령충만함으로 주의 일을 하는 사람입니다.

마음 열기
(7분)

1. 지난 한 주를 어떻게 보냈나요? 돌아가면서 반원들과 나누어 보세요.

⇨ 재밌었던 일, 혹은 힘들었던 일 등 가벼운 일상에 대한 질문에 돌아가며 대답하고 자연스럽게 자신의 삶을 나누도록 유도합니다.

2. 시작기도를 하고 본격적인 소그룹 나눔을 시작합니다.

⇨ 매주 학생들이 돌아가면서 시작기도를 할 수 있도록 합니다.

1. 지난 단원을 복습해 봅시다.
   ⇨ 인도자가 학생들에게 질문하고 학생들이 대답함으로 지난 단원의 내용을
      상기시켜 줍니다.
   a. 내 마음의 주인은? ⇨ 예수님
   b. 우리 삶의 문제는 누가 주인 노릇을 하기 때문에 생긴다? ⇨ 나
   c. 말씀은 우리가 누구와 함께 죽었다고 말하나요? ⇨ 예수님
   d. 그리고 우리는 또 누구로 사는 삶으로 변화되었나요? ⇨ 예수님

2. 지난주 출석과 예습, 암송, 예수동행일기, 기도, 말씀묵상을 충실히 했는지 같
   이 점검해 봅니다.

3. 성경 암송 과제를 함께 암송합니다. 암송 구절: 요엘 2장 28절
   ⇨ 그 후에 내가 내 영을 만민에게 부어 주리니 너희 자녀들이 장래 일을 말할
      것이며 너희 늙은이는 꿈을 꾸며 너희 젊은이는 이상을 볼 것이며

나 눔 (80분)

01 우리 시대에 임한 두 가지 부흥 (P.138)

Q. 나는 두 가지 부흥의 흐름 중에서 어느 흐름에 속해 있나요? 그렇게 생각하는 이유가 무엇인지 쓰고 나
   누어 보세요.

핵심요약

1. 마지막 시대에는 죄의 역사와 성령의 역사가 더욱 분명하게 나타납니다.
2. 중요한 것은 내가 죄의 역사와 성령의 역사 중 어떤 흐름 속에 있는가입니다.
3. 늘 성령의 역사 안에 깨어있기 위해서는 성령충만을 구해야 합니다.

02 구하는 자에게 주시는 성령 (P.141)

Q. 언제 성령충만을 달라고 기도했나요?

핵심요약

1. 그리스도인이라면 누구나 성령의 충만함을 받아야 합니다. 그것이 주님이 원하시는 것입니다.
2. 성령충만은 성령님의 전적인 능력으로 이뤄지는 일입니다. 우리가 해야 할 것은 성령을 간절히 사모하는 것입니다.
3. 성령이 충만한 삶은 반드시 성령의 열매를 맺게 됩니다.

03 성령충만에 대한 오해 (P.146)

Q. 나는 성령충만한 사람인가요? 그 이유를 쓰고 나누어 보세요.

핵심요약

1. 성령충만은 신비로운 현상이나 감정이 동요되는 현상이 아닙니다.
2. 성령충만은 구하기만 하면 누구나 받을 수 있습니다.
3. 성령충만은 내 안에 계신 예수님께 완전히 순종하고자 하는 마음입니다.

04 순종의 기쁨 (P.150)

Q. 하나님은 내가 어떤 마음으로 순종하기를 원하실까요?

핵심요약

1. 많은 사람이 순종하면 자기 마음대로 살 수 없을 것 같아 순종을 두려워합니다. 그러나 완전한 순종은 내가 할 수 없는 것을 강요하는 것이 아닙니다.
2. 하나님은 우리의 것을 뺏어가시는 분이 아니라 더 좋은 것을 주시는 분입니다. 순종은 우리에게 가장 좋은 것을 주시려는 하나님의 계획 안에서 이뤄집니다.
3. 하나님은 우리에게 가장 좋은 것을 주신다는 사실을 분명히 믿을 때, 우리는 완전히 하나님께 순종할 수 있게 됩니다.

05 완전한 순종 (P.155)

Q. 마지막 1%를 하나님께 드리고 완전히 순종할 결심이 세워졌는지 쓰고 나누어 보세요.

핵심요약

1. 완전한 순종은 나의 모든 것을 주님께 드리는 것입니다. 만약 한 가지를 남겨 놓는다면 그것은 완전한 순종이 아닙니다.
2. 성경의 부자 청년에게는 재물이 순종할 수 없는 1%였습니다. 완전한 순종으로 나가지 못하게 하는 1%가 무엇인지 발견해야 합니다.
3. 완전한 순종은 내 것을 잃는 것이 아니라, 예수님을 얻게 되면서 모든 것을 얻게 되는 것입니다.

마무리
(10분)

▷ 먼저 단원의 내용을 간단히 정리합니다.

1. 친구들에게 자신의 기도제목을 나눕니다. 자신과 다른 친구들의 기도제목을 이곳에 적어봅시다.

▷ 개인 기도제목을 돌아가면서 나누고 인도자가 단원 주제에 맞는 기도제목을 제시하고 함께 기도합니다. 마지막으로 인도자가 마무리 기도하고 주기도문으로 마칩니다.

2. 다음 주 성경 암송 구절: 요한복음 10장 27절

내 양은 내 음성을 들으며 나는 그들을 알며 그들은 나를 따르느니라

▷ 다음 단원을 짧게 소개합니다. 다음 주 성경 암송 구절을 같이 읽어본 후, 꼭 외워올 수 있도록 독려합니다.

예수님과 동행하는 삶으로 인도하는 제자훈련

청소년 예수님의 사람 1 　인도자용

초판 1쇄 발행 2022년 2월 25일
초판 4쇄 발행 2023년 2월 17일

지은이 유기성

기획·편집 엄재현 김찬숙 유지영 김지영
디자인 브릿지제이　bridgej824@gmail.com
일러스트 churchbro ⓘ churchbro_

펴낸곳 도서출판 위드지저스
등록번호 제254-2021-000163호
주 소 경기도 성남시 분당구 하오개로344번길 2, 2층(운중동)
전 화 031-759-8308　|　**팩 스** 031-759-8309
전자우편 wjp@wjm.kr

Copyright ⓒ 유기성, 2022, Printed in Korea

ISBN 979-11-91027-15-0 04230
ISBN 979-11-91027-14-3 (세트)